특별한 영유아

모노그래프 시리즈 7 호

Supporting Early Literacy Development in Young Children

유아의 초기 문식성 발달 지원

Eva Horn · Hazel Jones 편저

김호연 · 김진희 공역

학지사

Supporting Early Literacy Development in Young Children
by Eva M. Horn, Hazel Jones

역 · 자 · 서 · 문

원저 *Young Exceptional Children(YEC) Monograph Series*는 특수아동협회 유아교육분과[The Division for Early Childhood(DEC) of the Council for Exceptional Children(CEC)]의 출판물 중 하나로서 1999년부터 출간되기 시작하였습니다. 모노그래프란 특정 주제에 관한 상세하고 실증적인 논문들을 모은 것이라고 할 수 있는데, YEC 모노그래프 시리즈는 장애가 있거나 발달이 지체된 아동, 영재 아동, 발달이 지체될 위험이 있는 아동, 학교생활에 어려움이 예상되는 아동 등 1~8세 사이의 아동을 대상으로 일하는 교사, 유아교육(보육) 종사자, 행정가, 치료사, 가족 구성원 등을 위하여 기획되었습니다. 시리즈 각 호는 조기중재 및 유아특수교육 분야의 중요한 주제를 다루며 실제(practices)에 직접적인 도움이 되는 내용으로 구성되었습니다. 근거 중심(evidence-based)의 연구 결과를 전문가와 가족에게 효과적이고 유용한 전략으로 바꾸어 소개하는 것이 모노그래프 시리즈의 주요 목표 중 하나라고 할 수 있습니다. 따라서 시리즈에 수록된 글들은 탄탄한 이론 혹은 연구 기반을 갖고 있으며, 또한 광범위한 독자층을 고려하여 읽기 쉽게 쓰여 있습니다.

YEC 모노그래프 각 시리즈에서 다루는 주제는 도전적 행동에 대처하는 실제적 아이디어(1호), 자연적 환경과 통합(2호), 유아의 발달을 지원하는 교수 전략(3호), 의미 있는 정보를 수집하는 진단평가(4호), 가족 기반의 실제(5호), 학제간 팀들(6호), 초기 문식성 발달 지원(7호), 사회 · 정서 발달 지원(8호), 교육과정과 영유아 및 가족의 성과(9호), 조기중재의 실제와 성과(10호)입니다.

역자들은 Young Exceptional Children을 '특수유아'가 아닌 '특별한 영유아'라고 번역하였는데, '특수유아'라는 표현이 혹여 유아들을 동질집단화하지 않을까 하는 우려 때문이었습니다. 그래서 서로 다른 발달을 보이는 개별 영유아에게 초점을 맞추는 의미에서 '특별한 영유아'로 번역하였음을 밝힙니다.

특별한 영유아 모노그래프 시리즈의 번역은 여러 사람의 노력과 지원이 없었으면 불가능하였습니다. 번역계획은 2006년 가을 미국 아칸사스(Arkansas) 주 리틀락(Little Rock)에서 열린 DEC 콘퍼런스에서 시작되었습니다. 당시 DEC 다문화 활동위원회(Multicultural Activities Committee)의 위원장으로 활동하고 있던 브래들리 대학교 이화(Hwa Lee) 교수의 적극적인 추천과 지원으로 모노그래프 시리즈를 한국어로 번역 출간하는 것에 대해 DEC 회장단으로부터 매우 긍정적인 답변을 들었습니다. 그러나 DEC의 출판물을 외국에서 번역 출판하는 작업이 전무하였던 관계로 실제 계약까지의 진행은 매우 더디게 이루어졌습니다. 하지만 그 시간 동안 포기하지 않고 역자들을 믿어 준 분들께 감사 드립니다. 특히 계속적으로 관심을 가지고 국내에서 번역 출간되도록 적극적인 지원을 아끼지 않은 이화 교수 님께 감사의 말씀을 드립니다. 그리고 한국에서의 출간을 지지하고 신뢰해 준 DEC 회장단을 비롯한 관계자들에게 감사의 마음을 전합니다. 또한 이 책이 나오도록 애써 주신 학지사의 김진환 사장님과 직원 여러분께 감사를 드리며, 마지막으로 언제나 든든하게 힘이 되어 주는 사랑하는 가족에게 고마움을 전합니다.

2012년

역자 일동

편·저·자·서·문

특별한 영유아 모노그래프 시리즈 7호가 나오게 된 것을 기쁘게 생각합니다. 이 책은 유아의 문식성 발달에 대한 지원을 주제로 하고 있습니다. 범국가적으로 미국 학교에서의 읽기 성취도에 대한 관심이 증가하고 있고, 더 나아가서 학교 교육의 성취를 위하여 유아 교육의 기회에 대한 관심이 높아지고 있는 이 시점에 적절한 주제라고 생각합니다. 세계읽기협회(International Reading Association: IRA)와 미국유아교육협회(The National Association for the Education of Young Children: NAEYC)는 문식성의 발달, 읽기 및 쓰기를 습득의 개념이 아닌 발달의 연속체로 인식하고 있습니다. 특히 읽기와 쓰기 능력이 전 생애에 걸쳐 발달될 수 있다 하더라도 1세에서 8세까지가 문식성 발달에 있어서 가장 중요한 시기임을 강조하고 있습니다. 그러나 읽고 쓰는 능력이 그저 성장함에 따라 자연스럽게 형성되는 것이 아니라 구체적인 계획과 교육을 통해 형성된다는 것을 우리는 명심해야 합니다.

특히, 장애를 가지고 있거나 특별한 교육적 요구를 가지고 있는 유아의 경우에는 좀 더 주의 깊은 계획과 효율적인 교수가 필요합니다. 이러한 개념은 유아특수교육학계에서 제시한 '최상의 실제'에도 주요 개념으로 포함되어 있습니다(Sandall, Hemmeter, Smith, & McLean, 2004). 이 책에는 8개의 논문이 제시되어 있습니다. 이 논문의 요지는 DEC에서 제시한 '실제'의 요점과 매우 밀접하게 연결되어 있습니다. 각 논문의 저자는 교육 계획, 환경 조성, 교육을 위한 부모나 교사를 포함한 성인의 역할의 중요성을 강조하고 있습니다. 또한 저자들은 문식성 활동을 일상생활(가정, 유아원, 지역사회 등)에 자연스럽게 포함시키는 내용을 강조하고 있습니다. 논문은 유아의 부모, 가족, 보육교사, 유아특수교사 등 유아의 문식성 발달에 도움을 줄 수 있는 사람들이 활용할 수 있는 지원 방법도 기술하고 있습니다.

YEC 모노그래프 시리즈의 또 다른 목적은 연구를 통해 밝혀진 결과를 유아교육 현장이나 가정에서 사용할 수 있는 전략으로 연결시켜 주기 위함입니다. 또한 좀 더 자세한 이론이나 내용을 알고 싶어 하는 독자를 위하여 참고문헌과 참고자료 목록을 제시하고 있습니다.

이 책은 다양한 독자층에게 내용을 좀 더 쉽게 전달하기 위하여 노력하였고, 새로운 용어가 나올 경우에는 충분한 설명을 제공하였으며, 필요에 따라서는 사례를 제시하였습니다.

처음에 제시한 3개의 논문은 환경의 중요성과 부모나 교사 및 유아의 문식성 발달을 위해서 어떻게 환경을 구성해야 하는지에 대한 내용을 논의하고 있습니다. 첫 번째 논문은 유아특수교사들이 어떻게 가족 구성원을 도와야 하는지(유아의 문식성 발달을 위하여)에 초점을 맞추고 있습니다. 또한 다섯 번째와 여섯 번째 논문에서는 일상에서의 자연스러운 학습의 중요성을 강조하고 있습니다. 간단하면서도 유용한 모델을 제시하여 어린 시기에 하는 일상에서의 자연스러운 문식성 활동이 훗날의 읽기와 쓰기에 어떻게 연결되는지를 보여 주고 있습니다. 이 논문에서는 구체적인 사례를 통해 문식성 발달에 있어서 경험이 얼마나 중요한지를 강조하고 있습니다.

마지막 세 논문에서는 문식성 발달을 위한 환경 맥락을 강조하고 있습니다. 문식성의 환경을 사정하고 이해하도록 도와주는 '가정 문식성 목록'을 소개하고 있습니다. 이러한 목록에 대한 소개뿐만 아니라 정보를 수집하는 방법과 정보를 활용하는 방법도 소개하고 있습니다. 또한 일곱 번째와 마지막 논문에서는 언어와 문식성 발달을 위한 구체적인 활동과 방법을 소개하고 있습니다.

문식성 도구의 구조도 제시하였는데, 이 구조는 부모와 교사가 가정과 유아원 등에서 적절히 활용할 수 있으며, 유아의 문식성 발달을 위해 다양하게 활용할 수 있는 구조와 문식성 발달이 훗날의 읽기 및 쓰기로 연결되는 과정을 보여 줍니다.

또한 유아를 위한 학급에서 활용할 수 있는 전략과 구체적인 문식성 결과를 위하여 활용되는 실제 방법을 제시하고 있는데, 일상생활이나 활동을 가지고 해 볼 수 있는 내용입니다. 예를 들어, 이야기책 활용 방법 등을 소개하고 있는데, 이야기책 전략에는 이야기책 예고편, 이야기책 소리 내어 읽기, 이야기책 기념 파티가 포함되어 있습니다. 일곱 번째 논문에는 과학과 탐구 활동이 어떻게 언어와 문식성에 연결되는지에 대한 논의를 제시하고 있습니다. 특히, 과학 활동과 탐구 활동이 언어와 문식성에 자연스럽게 연결되기 위해 어떻게 환경을 구성해야 하는지에 대한 방법도 제시하고 있습니다. 마지막 논문에서는 문식성과 극 놀이의 연관성에 대해서 논의하고 있습니다. 이를 위한 교사의 역할, 환경의 구성 방법 등도 포함되어 있습니다.

다른 모노그래프 시리즈와 마찬가지로, 가장 마지막 부분에는 참고자료를 제시하였습니다. 여기에 제시된 자료들은 실용적이면서도 내용이 우수하고 유익한 것들이 많습니다.

이 책을 통해 독자들이 다음과 같은 목적을 달성하기를 바랍니다. 첫째, 책을 통해 교사와 부모가 자신이 얼마나 중요한 역할을 해 왔는지 알고 그 중요성을 다시 한번 인식하기를 바랍니다. 둘째, 지금 부모나 교사가 하고 있는 것을 좀 더 발전시키기 위한 새로운 아이디어를 발전시키기 바랍니다. 셋째, 이 책을 통해 부모나 교사가 자신이 해야 할 일을 다시 한번 생각하고 교수 계획을 하거나 프로그램을 실시할 때 활용할 수 있기를 바랍니다.

끝으로 이 책이 출간되기까지 논문을 읽고 조언해 준 여러 전문가 분들께 진심으로 감사의 마음을 전합니다.

참고문헌

Sandall, S., Hemmeter, M. L., Smith, B., & McLean, M. (Eds.) (2004). *DEC recommended practices: A comprehensive guide for practical application in early interuention/early childhood special education.* Longmont, CO: Sopris West.

차·례

자연스러운 환경에서의 초기 문식성 지원

Angela Notari-Syverson, Ph.D.
Judy Challoner, M.Ed.
Washington Research Institute, Seattle, WA

다섯 살의 데이비드는 할머니와 함께 아시안 마켓에 있다. 데이비드는 진열장에 있는 과일 캔디 상자에 관심을 보인다. 할머니와 데이비드는 어떤 캔디를 살까 의논하고 있다. 데이비드의 할머니는 과일 그림을 보면서 "무슨 맛일까?"라고 데이비드에게 묻는다. 할머니는 영어와 베트남어로 표기된 상표를 가리키면서 글자를 번갈아 가며 읽어 준다. 이렇게 베트남어로 된 글을 읽어 주고 난 후에 영어로 번역해서 다시 읽어 준다.

나디아(4세)의 아버지는 유아원에서 나디아를 데리고 버스를 타고 함께 집으로 가고 있다. 나디아와 아버지는 창밖의 광고판, 도로 표지판, 버스 광고 등을 함께 바라본다. 나디아는 광고판의 독수리를 보면서 "독수리, 팔짝 개구리, 끝말이 똑같네."라고 여러 번 반복하면서 노래처럼 부른다.

세 살의 로라는 어머니에게 기대 앉아 이모가 멕시코에서 보내온 사진을 함께 보고 있다. 로라의 어머니는 그 사진을 앨범에 정리할 때, 사진의 장소와 사람들에 대한 설명을 짤막하게 메모해서 사진 밑에 함께 붙여 놓는다. 로라와 어머니는 멕시코에 대한 이야기도 하고, 옛날 사진을 보면서 어린 시절의 이야기도 해 준다. 로라의 어머니가 어렸을 때 좋아하던 노래도 로라에게 알려 준다.

가정, 유아원, 지역사회 곳곳은 다양한 문식성 환경을 제공하는 훌륭한 공간이다(Orellana & Hernandez, 1999). 학교에 입학하기 훨씬 전부터 유아는 문자, 말, 책 등 다양한 형태의 언어와 문자가 의미하는 말소리 등 문자 학습에 필요한 다양한 사항들을 인식하게 된다(Burns, Griffin, & Snow, 1999; Heath, 1982). 일상의 활동과 사물을 활용해서 문식성 발달을 위한 활동을 할 수 있는데, 우편물을 정리하거나 선물 포장지의 글씨, 옷에 그려진 로고, 모래 위에 쓰인 글자를 막대기로 따라 그리면서 다양한 초기 문식성 활동을 할 수 있다. 이러한 활동은 사회적 · 인지적 · 언어적 활동이라고 할 수 있는데, 이러한 초기 활동이 문해력의 근간이 된다(Notari-Syverson, in press). 이 논문의 처음에 제시한 데이비드의 사례처럼 데이비드는 그림이나 글자가 중요한 정보라는 사실을 터득할 수 있다. 나디아의 경우에는 버스 안에서 대화하면서 문자와 말의 관계를 배우고, 로라는 집에서 사진을 보면서 어머니 가족의 문화를 노래와 글자, 사진을 통해 배우게 된다.

이 논문은 유아특수교육 교사 및 관계자들에게 유아의 초기 문식성을 증진시키기 위해 어떻게 가족 지원을 하면 되는지에 관한 제안을 하는 것이 목적이다.

특히, 장애유아의 부모가 가정과 지역사회의 다양한 환경에서 어떻게 초기 문식성을 증진시킬 수 있는지에 관한 효과적인 전략들이 제시되어 있다. 그러나 우선 초기 문식성의 향상을 위해 왜 가족이 참여해야 하는지에 대한 이론적 근거를 제시하였고, 초기 문식성의 기본 내용을 알아보았다.

문식성 발달을 위한 가족 참여의 필요성의 근거

부모가 가정에서 하는 초기 언어 관련 활동이 훗날 아동의 학업 성취에 중요한 기대 변수가 된다는 연구 결과가 많이 있다(Dickinson & DeTemple, 1998; Senechal & LeFevre, 2002). 유아에게 말을 걸어 주고, 그림책을 함께 보면서 읽어 주고, 부모가 보는 책을 소리 내어 흥미 있게 읽어 주고, 다양한 종류의 책을 집에 놓아두고, 함께 도서관에 가는 것을 통해 부모는 책을 읽는 것과 같은 언어 활동이 가족에게 얼마나 가치 있고 의미 있는 활동인지를 유아에게 자연스럽게 가르칠 수 있게 된다. 유아 초기에 읽기와 쓰기 활동이 즐겁고 중요하다는 것을 경험한 아동은 훗날 학교생활에서 성공할 수 있는 가능성이 더 높다(Paratore, Melzi, & Krol-Sinclair, 1999). 반면에 어릴 때부터 읽기보다는 말하기가 우선이고, 시각 매체(예, 텔레비전, 비디오)에 많이 노출된 가정에서 자란 아동들은 학교에서 활용해야 할 언어 능력(예, 책 읽기, 쓰기, 교재 활용하기)이 앞서 언급한 가정에서 자란 아동들보다는 뒤떨어지는 것으로 밝혀졌다(Makin & Diaz, 2002). 문식성이라고 하면 단순히 '책' '공부' 등이라고 생각하는 가정에서는 일상생활에서 문식성을 높일 수 있는 다양하고 즐거운 방법에 대해 잘 모르고 있는 경우가 많을 것으로 여겨진다.

문식성 활동은 일상생활 환경에서 다양하게 통합되어 일어날 수 있으며, 모든 아동들은 크게 계획하지 않더라도 일정 부분 문식성 활동에 참여하게 된다. 그러나 장애유아의 경우에는 가족, 심지어 장애 전문가마저도 문식성 활동이 장애유아에게는 적합하지 않다고 생각하는 경우가 많이 있다(McNaught, 2002; Notari-Syverson, 2004). 그러다 보니 장애가 있는 유아는 문식성 관련 활동에 노출되는 기회가 비장애유아에 비해 적을 수밖에 없다(Marvin & Mirenda, 1993). 장애가 있는 유아에게 제공되는 문식성 관련 활동 또한 매우 제한적인데, 이야기책 읽기 정도에 그치는 경우가 많다(Fitzgerald, Roberts, Schuele, & McLean, 2005). 또한 장애를 지닌 유아의 부모가 장애유아에게 건네는 말의 경우에도 사물을 묘사하거나 정교한 어휘를 사용하여 질문하기보다는 말의 내용이 단순히 지시적이거나 단순하게 답할 수 있는 질문에 그치는 경향이 있는 것으로 나타났다(Hart & Risley, 1995).

새로운 지식을 전달하고, 가족 모두가 지식과 전략을 이해하고 활용할 수 있도록 가족의 역량을 강화하는 것은 유아특수교사나 전문가들에게 중요한 임무다(Sandall, Hemmeter, Smith & McLean, 2005). 초기 문식성 관련 자료는 많이 나와 있으나, 장애가 있는 유아의 부모가 가정에서 활용할 수 있는 방법에 대한 정보는 많지 않다.

그리고 이러한 자료들은 읽기가 원활한 사람들을 위한 자료가 대부분이어서 문해력이 떨어지거나 그 나라의 언어에 익숙하지 않은 사람들에게는 적절하지 못한 경우도 많다는 것이 또 하나의 문제다.

초기 문식성에 대한 포괄적 접근의 요소

유아가 읽기와 쓰기를 잘하도록 준비시키는 과정에는 문자 인식, 음운 인식, 구문 인식과 같은 다양한 기술이 포함된다(Burns et al., 1999; Lonigan, Burgess, Anthony, & Barker, 1998; Notari-Syverson, O'Connor, & Vadasy, 1998). 이러한 기술은 서로 연관되어 있어서 호혜적으로 서로 간에 영향을 주면서 함께 발달한다(Dickinson, McCabe, Anastasopoulos, Peisner-Feinberg, & Poe, 2003; Storch & Whitehurst, 2002).

문자 인식

문자 인식이란 다양한 형태의 문양, 글씨, 상징 등(예, 사물, 몸짓, 그림, 사진, 사인, 글자, 숫자, 지도)을 활용하여 자신의 생각을 전달하거나 정보를 얻는 개념을 의미한다. 데이비드의 사례에서 보면 데이비드의 할머니는 식료품 가게에서 상표에 그려진 그림을 보면서 식품에 대한 정보를 얻는 과정을 보여 주고 있다. 데이비드의 관심은 그림에 그치지 않고, 다른 캔디 상자의 글자와 단어로 확장된다. 이러한 과정은 유아에게 글자의 이름과 글자를 발음할 때 나는 소리 등을 가르치는 최적의 기회가 된다. 또한 나디아의 경우 버스 안에서 창문을 통해 바라보는 도로 표지판이나 광고판 등을 보고 그곳에 쓰인 글자를 읽고 글자가 의미하는 바를 함께 이야기한다. 로라의 경우 사진이나 글로 실제 사람이나 장소를 표현할 수 있다는 사실과 이야기 나눈 것을 글로 쓸 수도 있다는 사실을 배울 수 있다.

음운 인식

글자나 단어를 가지고 놀면서 말로 하는 단어가 의미를 가지고 있는 것뿐만 아니라 특정한 글자에 해당하는 소리가 있음을 이해하고 낱글자가 바뀌면 말소리나 의미도 바뀐다는 것을 놀이를 통해 가르칠 수 있다[예, 'dog'를 'log'로 바꾸기(우리말의 예 '도끼' '토끼')]. 나디아는 '개구리' '독수리'를 말하면서 단어에서 같은 소리를 찾아낼 수 있는데, 이것도 음운 인식에 도움이 되는 놀이다. 데이비드의 경우, 영어와 베트남어의 글씨를 비교하면서 문자를 통해 나는 소리가 다르다는 것을 인식할 수 있다. 로라도 멕시코에 대한 사진을 보면서 글의 정보를 경험할 수 있고, 새로운 멕시코 노래를 배우며 동일한 음운으로 끝나는 노랫말을 통해 음운 인식의 기회를 가질 수 있다.

구 어

구어란 어휘, 문법, 문장 등을 활용하여 생각을 요약해서 말로 표현하거나, 과거의 경험, 미래의 예측, 이야기의 상상 등 생각한 내용을 목적을 가지고 말로 표현하는 것을 의미한다. 이러한 문법적 사고는 읽기 혹은 쓰기 활동에서 없어서는 안 될 요소다. 데이비드가 관심이 가는 음식에 대한 질문을 하고, 할머니는 그 내용물에 대하여 대답하는 과정도 이러한 활동에 포함된다. 나디아와 아버지가 버스 안에서 여러 사물에 대해 이야기하는 것이나 로라가 어머니의 어린 시절에 대한 이야기를 듣는 것처럼 음식, 게임, 노래, 다양한 놀이 활동에 대해 이야기하는 것이 모두 초기 문식성 활동에 포함된다.

초기 문식성 발달을 위한 가족 참여 지원 모델

성공적인 부모 참여를 위해서는 다양한 면을 고려해야 한다. 가족의 일상 환경, 유아의 특성, 유아와 양육자의 상호작용, 양육자의 문식성 활동에 대한 관심 등이 여기에 포함될 수 있다. 유아는 언어, 인지, 사회-정서적 발달 기술을 일상 활동을 통해 가장 잘 배울 수 있기 때문이다(Burns et al., 1999).

장애 여부를 떠나 모든 유아는 초기 학습에 있어서 사회적 상호작용이 가장 우선시된다. 즉, 스캐폴딩 전략과 같이 성인이 필요할 때 안내하고 유아를 적당히 지원해 줄 때, 유아의 학습이 가능하게 된다(Berk & Winsler, 1995). 일상 활동 중에 양육자는 다양한 방법(예, 시범 보이기, 격려하기, 활동의 의미를 알려 주기, 방법을 설명해 주기, 유아가 관심 있어 하거나 연령에 맞는 사물을 제공하기)으로 유아에게 스캐폴딩을 제공할 수 있다. 예를 들면, 데이비드가 상자에 그려진 멜론 그림을 잘 이해하지 못한다면, 과일 코너에 가서 진짜 멜론을 보여 주고, 멜론 코너에 있는 글자를 확인하며, 멜론을 저울에 놓고 무게를 재 보는 활동을 하는 것 등이 이러한 예가 될 수 있다. 나디아의 아버지처럼 독수리, 개구리와 같이 끝말이 같은 것에 대해 즐거워하는 나디아에게 똑같은 글자로 끝나거나 시작하는 낱말을 찾는 놀이를 할 수 있도록 격려하는 것도 좋은 방법의 예가 된다. 또한 앨범의 낱장을 넘기는 데 어려움이 있는 로라에게 어머니가 조그만 천 손잡이를 책장에 덧대어 주어 쉽게 잡고 넘길 수 있도록 하는 것도 좋은 예가 될 수 있다. 로라의 사진 밑에 로라의 이름을 크게 써 주고, 사진과 이름과 적힌 글자 사이의 관계를 이해할 수 있도록 도와주는 것도 하나의 방법이다. 영어와 스페인어를 함께 사용하면서 가족사진에 대해 이야기하는 것 또한 좋은 방법이다.

학습이론에서도 알 수 있듯이, 사람은 필요하거나 관심이 있는 영역을 학습할 때 훨씬 더 효과적으로 학습할 수 있다(Freire & Macedo, 1987). 이 원리는 가정 문식성 활동에도 동일하게 적용될 수 있다. 그러므로 가정 문식성 활동이 효과적이려면 의미를 지닌 활동이어야 한다. 가령 마트를 가기 위해 쇼핑 목록을 작성하거나 우편물을 분류하거나 또는 전화번호를 찾는 등의 활동은 의미 있는 활동임과 동시에 문식성에 도움이 된다.

가족 참여의 핵심

가족을 지원하고 정보를 제공하기 위해 사용되는 모델의 내용은 가족이 쉽게 접근하고 이해할 수 있도록 다양하고 유연한 방법을 활용하여 제시할 필요가 있다(Trivette & Dunst, 2005). 말로 한 설명, 교재, 시범, 코칭, 비디오테이프 자료 등은 가족과 양육자에게 정보를 제공하기 위해 사용된다.

가족의 특성에 맞는 자료를 제공해야 한다. 예를 들어, 문해력이 높은 부모는 인쇄 교재를 선호하는 반면, 문해력이 낮은 부모는 그림이 많이 제시된 책, 오디오테이프, 비디오와 같은 매체를 선호할 수 있다(Kalyanpur & Harry, 1999; Turnbull & Ruef, 1996). 물론 가족이 선택한 매체가 가장 효과적일 것이다.

이 논문에서 제안하는 것은 장애를 가진 아동들을 위해 특별히 개발된 것으로서, 미국 연방정부(The Office of Special Education Program)의 재정 지원을 받아 유아특수교육 전문가들이 부모들을 대상으로 연구한 결과를 바탕으로 한 것이다(Notari-Syverson, 2002).

첫째, 유아의 발달에 맞는 초기 문식성 기술 관련 활동을 제공한다. 둘째, 가족이 활동을 쉽게 그리고 일상에서 할 수 있도록 보장한다. 셋째, 가족이 유아의 특별한 학습 요구를 지원할 수 있도록 하는 전략들을 포함한다. 넷째, 유아의 문식성 교육에 도움을 주면서 부모에게도 보상이 되는 것이 무엇인지에 대해 가족 스스로 깨달을 수 있게 한다.

여섯 가지 다른 전략과 자료들은 다음에 제시된다. 문식성 활동을 할 수 있는 인쇄 매체 자료, 정보 자료를 공유하기 위한 전략, 가정에서의 문식성 활동을 돕는 문식성 상자, 가정에서 문식성 활동을 하는 데 사용하는 모델링 전략, 가정과 학교에서의 문식성 활동을 연결해 주는 도구로서의 포트폴리오 그리고 가족에게 언어 촉진 전략을 알려 주는 비디오 같은 도구들이 여기에 포함된다.

인쇄 매체(교재)를 통한 문식성 활동 지원

인쇄 매체는 전문용어보다는 간결한 언어를 사용하고 구체적인 예시와 삽화가 포함되도록 구성하는 것이 중요하다. 인쇄 매체에 해당하는 교재에는 알림장이나 가정학습지와 같은 것이 포함된다. 학습지는 양육자와 아동이 함께 완성해서 학교에 제출할 수 있는 활동—학습지, 간단하게 복습할 수 있는 워크북, 양육자가 사진을 첨가하고 아동이 받아쓰게 하여 채울 수 있는 책자 등—을 포함한다.

양육자와 유아를 위한 문식성 활동(Literacy Activities for Caregivers and Young Children: LACYC)(Notari-Syverson et al., 2004)은 아동과 부모가 매일 일상에서 할 수 있는 문식성 활동(Notari-Syverson et al., 1998)을 의미한다.

각각의 LACYC 활동은 어른이 매일 아동과 함께 문식성 활동을 하기 위한 간단한 제안과 비계 설정(scaffolding) 전략 및 힌트가 포함되어 있다(아동의 성공을 돕는 법, 이 활동을 유아에게 좀 더 도전적인 것으로 만드는 방법). 〈표 1〉은 LACYC 문식성 활동의 예다.

〈표 1〉 양육자와 유아를 위한 문식성 활동(예)

※ LACYC: 초기 문자의 인식

(활동)

초기 문자의 인식

- 유아는 과자 상자, 건물 이름 등을 통해 문자를 인식할 것이다.
- 유아가 글자를 보는지 확인한다.
- 유아에게 "치리오(유아용 시리얼)를 가지고 우리가 어떻게 하지?"라고 질문한다.

(힌트)

초기 문자의 인식

〈유아의 문자 인식에 대한 성공을 돕기 위해 할 수 있는 일〉

- 유아가 자주 대하는 단어(예, 맥도날드, 치리오)를 가리키면서 그 단어들이 무엇인지 묻는다.
- 유아가 보고 가리킨 단어를 유아에게 말해 준다.
- 단어에 대응하는 사물 또는 사진을 보여 준다.
- 유아가 보는 단어에 대해 간단한 질문을 한다(예, "치리오는 먹는 거니?").

〈이러한 활동을 좀 더 도전적으로 만들기 위해 할 수 있는 일〉

- 유아에게 어떻게 그 글자들을 알게 되었는지 질문한다.
- 유아에게 어디서 그 단어를 볼 수 있었는지 질문한다.
- 유아에게 사진, 단어 그리고 숫자의 차이를 알고 있는지 확인한다.
- 유아가 생각해 낼 수 있는 질문을 한다(예, "치리오를 가지고 할 수 있는 다른 것은 무엇이 있을까?").

정보 자료를 공유하기 위한 전략

정보 책자는 부모에게 언어와 문식성의 발달, 문식성의 목적과 기능뿐만 아니라 가정 활동이 취학 후 아동의 성공을 위한 준비에 얼마나 도움이 되는지 등을 알려 준다.

이러한 자료에는 간단한 유인물, 팸플릿 또는 낮은 문해력을 가지고 있는 가족들을 위해 특별히 고안된 소책자 등이 있다. 이 자료에는 음성학적 인지, 쓰기 기술과 같은 내용도 포함되어 있다. 교사는 개별화 교육 계획 모임 또는 개별화 가족 지원 계획 모임, 그 밖에 학교(기관)에서 제공하는 가족 관련 행사를 통해 이러한 자료를 제공할 수 있다.

가정에서의 문식성 활동을 돕는 문식성 상자

정보 책자 하나만으로는 양육자가 문식성을 높여 주기 위한 충분한 안내를 제공하기에 역부족이다. 또한 문식성 매체가 부족하다고 생각하는 가정도 많기에 문식성 상자를 제공하는 것은 의미가 있다. 가정에 문식성 상자를 제공하고 그 활용의 예를 알려 줌으로써 부모는 문식성에 대해 정확하게 이해할 수 있게 될 것이다. 가족에게 적합한 내용물을 준비하고 그것을 활용하는 시스템을 개발하기까지는 시간적인 투자가 필요하다.

상자 안에는 활동(앞에서 말한 LACYC와 같은 활동)에 대한 정확한 설명, 활동과 관련된 매체 그리고 문식성 상자 사용 정보 등을 담는다.

〈표 2〉는 미국 앨라배마 주의 Auburn 학교 유아 팀에 의해 최초로 소개된 12개의 문식성 상자에 주제, 활동, 사례 등이 포함되어 있다.

가정에서의 문식성 활동에 대한 시범 전략

전문가는 가정방문을 통해 부모에게 시범을 보여 줄 수 있고, 부모가 일상생활에서 문식성 상자를 어떻게 활용하는지를 보면서 그에 대한 피드백을 제공할 수 있다(Saint Laurent, Giasson, & Couture, 1998). 교사는 또한 교실로 부모들을 초대하고, 교육 활동을 시범 보이면서 부모가 자녀와 함께 연습할 수 있도록 기회를 제공할 수 있다.

〈표 2〉 12개의 문식성 상자

주 제	활 동	제 재	언어와 문식성 기술
이름, 글자, 기호	• 책 만들기 • 책 읽기 • 받아쓰기 • 그리기와 쓰기	• 자석 글자 • 크레용 • 면도용 크림 • 알파벳 도장과 스탬프 • 종이 • 포스트잇 • 독서 카드 • 알파벳 책(P. Martin의 '치카치카 붐붐')	• 글자 이름을 알고 소리 내기 • 주위의 글자 알기 • 글자의 이름 알기 • 구어와 문어 사이의 관계 이해하기
대화	• 음식에 대해 말하기 • TV 프로그램에 대해 이야기하기 • 과거에 일어난 일과 미래에 일어날 일에 대해 대화하기 • 책 만들기	• 음식에 관한 책 • 활동에 대한 책 • 종이 • 크레용	• 순서 지켜 말하기 • 어휘 • 이야기 • 구어와 문어 사이의 관계 이해하기
소리와 단어 게임	• 소리와 단어 놀이, 파닉스 게임	• 알파벳 카드 • ABC 게임	• 글자 이름을 알고 소리 내기 • 단어의 첫소리 인식하기 • 음절 혼합하기 및 음절 나누기
이야기 만들기	• 그림책 보기 • 일기 만들기 • 그리기와 쓰기 • 받아쓰기	• 크레용 • 사인펜 • 종이 • 스티커 • 책 만들기를 위한 도구(리본, 구멍펀치, 안전한 가위) • 그림책(C. Ward와 T. dePola의 '쿠키의 주말')	• 어휘 • 이야기 • 구어와 문어 사이의 관계 이해하기

음운에 대해 배우기	• 그림책 보기 • 음운 게임 놀이 • 단어의 소리에 대해 말하기	• 자석 글자 • 음운 연결 게임 • 음운이 있는 책(B. Begen의 '잼버리')	• 듣기 • 소리와 놀기 • 음운
소리 및 음운 단어와 놀기	• 동요에 대해 말하기 • 동요에 대한 그림 색칠하기 • 단어와 소리에 대해 이야기하기	• 동요집 • 동요 그림 색칠하기 책 • 크레용	• 듣기 • 소리와 단어 가지고 놀이하기 • 음운 단어 패턴에 대해 말하기 • 자장가 배우기
책 보기/ 읽기 전 기술	• 그림책 보기 • 도서관 카드 만들기	• 그림책 • 책장을 넘기기 위한 보조물(예, 빨래집게) • 도서관 카드 신청서	• 책과 인쇄 규칙에 대해 배우기 • 책에 있는 그림에 대해 이야기하기 • 책의 내용에 대해 말하기
물건 측정 하기	• 물건 측정하기 • 쓰기	• 작은 노트 • 줄자 • 끈 • 계량컵 • 계량스푼 • 숫자 판 • 측정에 관한 그림책	• 문식성이란 읽고 쓰기 그 이상의 것을 의미한다는 것을 배우기 • 글자의 기능과 목적에 대해 배우기
여러 장소에 가기	• 다양한 물건에 대해 말하기 • 식품점, 도서관, 공원 등에 가기 • 그림책 보기	• 다양한 장소의 사진 또는 그림 • 다양한 장소(예, 도서관, 동물원)에 대한 그림책 • 다양한 '보물이 있는 보관 상자'(예, 종이 봉투, 계란 상자, 플라스틱 용기)	• 어휘 • 주위의 글자 알기 • 글자의 다른 목적과 기능에 대해 알기

지도 만들기	• 이웃에 대해 이야기하기 • 지도 만들기	• 크레용 • 사인펜 • 종이 • 유아의 학교 지도(포털사이트에서 인쇄한) • 지도에 대한 이야기책	• 의사소통에 활용되는 다른 형식에 대해 배우기 • 글자의 기능과 목적에 대해 배우기
음악과 노래	• 음악 듣기 • 노래 부르기 • 악기 놀이/만들기	• 노래 책 • 음악 CD • 종이 접시 • 고무 밴드	• 듣기 • 어휘
책 만들기	• 촉각책과 그림책 만들기	• 종이 • 스테이플러 • 안전 가위 • 풀 • 버블랩(bubblewrap) • 필름 • 스펀지 • 솜뭉치 • 털실 • 책 표지로 쓸 두꺼운 판지	• 책의 규칙에 대해 배우기 • 다른 유형의 책에 대해 배우기 • 어휘 • 이야기

주: 앨라배마 주 지역에 있는 Auburn 학교 유아 팀에 의해 소개된 문식성 상자에 대한 내용을 허가받아 수정 · 보완함.

가정과 학교의 문식성 활동 연계를 위한 도구: 포트폴리오

포트폴리오는 비장애아동과 장애아동 모두에게 성공적으로 사용될 수 있다(Lynch & Struewing, 2001; Meisels, 1993). 부모가 아동의 포트폴리오를 위해 기여하면 부모와 교사와의 상호작용을 높일 수 있으며, 아동의 학습에 있어서 부모의 역할을 기대할 수 있는 효과적이고 의미 있는 방법이 될 것이다(Losardo & Notari-Syverson, 2001). 포트폴리오를 활용하는 방법으로, 교사는 학급에서 실시한 유아의 문식성 관련 활동 자료와 사진 등을 집으로 보낼 수 있다. 한편 부모는 유아가 그린 그림, 유아가 읽은 책의 제목 목록, 가장 좋아하는 노래와 음운 목록, 일화, 그 밖의 문식성 활동과 관계된 행동을 보이는 사진 등을 학교에 보냄으로써 교사와 함께 정보를 공유할 수 있다. 그러한 부모의 참여(가정에서의 문식성 포트폴리오와 점검표)를 통하여 교사는 유아의 현재 수준을 좀 더 명확하게 알게 되고, 또한 이를 통해 IEP/IFSP(개별화 교육 프로그램)의 초기 문식성 목표 설정을 좀 더 효과적으로 할 수 있게 된다.

가족에게 언어 촉진 전략을 가르쳐 주는 비디오

비디오 자료는 가족에게 언어 촉진 전략을 효과적으로 전달할 수 있는 도구다(예, Dale et al., 1996; Lim & Cole, 2002; Whitehurst et al., 1988). 부모 모임을 통해 함께 비디오를 시청할 수도 있고, 부모에게 대여하여 가정에서 보게 할 수도 있다. '언어가 핵심' 이라는 교육용 비디오는 장애를 가진 유아의 부모를 위해 제작된 것(Cole & Maddox, 1997)으로서 언어 촉진과 문식성 기술의 강화를 위해 가정이라는 자연스러운 환경에서 어떻게 활동할 수 있는지에 대한 좋은 사례를 보여 준다. 이 비디오는 영어와 스페인어를 비롯한 여러 가지 언어로 제작되었다.

결 론

문식성 활동에는 문화와 상황에 따라 다르지만, 이야기, 노래, 음악, 춤, 그림, 대중문화, 만화, 비디오게임, 컴퓨터, 영화 등 많은 것이 포함될 수 있다(Makin & Diaz, 2002). 문식성 활동은 가족에게 의미 있어야 하고, 특히 가족의 문화적 배경을 고려하는 것이 중요하다. 또한 전문가는 소리와 음운의 언어적 차이를 아는 것이 필요하고, 구어, 음 놀이, 음성학적 활동에서 가족의 모언어를 사용할 수 있도록 가족에게 용기를 북돋워 주는 것이 중요하다.

특히, 전문가는 성 역할에서의 문화적인 차이(예, 요리), 가족의 종교적 특성(예, 음악의 의미) 등을 고려하여야 한다. 그리고 모든 가족에게 접근 가능하고 의미 있는 활동이 될 수 있어야 하므로, 특별한 활동을 하기보다는 일상생활을 문식성 활동에 활용할 수 있도록 하는 것이 중요하다(예, 동물원과 박물관에 가기보다는 가게와 공원에 가기).

결론적으로 가족이 가정에서 이미 하고 있는 것이 유아에게 필요하고, 또한 중요한 문식성 활동이었음을 느끼게 하는 것이 중요하다. 더 나아가서 전문가들이 제공하는 정보와 자료가 학교 및 사회 환경에서 요구되는 문화적인 기대 행동과 가족의 개인적인 문화 환경 등을 고려하여 적절한 조화를 이루어야 할 것이다.

주

Angela Notari-Syverson: anotari@wri-edu.org

참고문헌

Berk, L., & Winsler, A. (1995). *Scaffolding children's learning: Vygotsky and early childhood education.* Washington, DC: National Association for the Education of Young Children(NAEYC).

Burns, S., Griffin, P., & Snow, C. (Eds.) (1999). *Starting out right: A guide to promoting children's reading success.* Washington, DC: National Academy Press.

Cole, K., & Maddox, M. (1997). *Language is the key* (Video). Seattle, WA: Washington Learning Systems(www.walearning.com).

Dale, P., Crain-Thoreson, C., Notari-Syverson, *A.*, & Cole, K.(1996). Parent-child storybook reading as an intervention technique for young children with language delays. *Topics in Early Childhood Special Education, 16*, 213-235.

Dickinson, D., & DeTemple, J. (1998). Putting parents in the picture: Maternal reports of preschoolers' literacy as a predictor of early reading. *Early Childhood Research Quarterly, 13*, 241-261.

Dickinson, D., McCabe, A., Anastasopoulos, L., Peisner-Feinberg, E., & Poe, M. (2003). The comprehensive language approach to early literacy: The interrelationships among vocabulary, phonological sensitivity, and print knowledge among preschool-aged children. *Journal of Educational Psychology, 95*(3), 465-481.

Fitzgerald, J., Roberts, J., Schuele, M., & Coleman, P. (1991, December). *Emerging literacy development of preschool handicapped children.* Paper presented at the National Reading Conference, Palm Springs, CA.

Freire, P., & Macedo, D. (1987). *Literacy: Reading the word and reading the world.* Westport, CT: Bergin & Garvey.

Hart, B., & Risley, T. (1995). *Meaningful differences in the everyday experience of young American children.* Baltimore: Paul H. Brookes.

Heath, S. B. (1982). What no bed time story means: Narrative skills at home and at school. *Language in Society, 11*, 49-78.

Kalyanpur, M., & Harry, B. (1999). *Culture in special education: Building reciprocal family-professional relationships.* Baltimore: Paul H. Brookes.

Lim, Y. S., & Cole, K. (2002). Facilitating first language development in young Korean children through parent training in picture book interactions. *Bilingual Research Journal, 26*(2), 213-227.

Lonigan, C., Burgess, S., Anthony, J., & Barker, T. (1998). Development of phonological sensitivity in 2-to5-year old children. *Journal of Educational Psychology, 90*(2), 294-311.

Losardo, A., & Notari-Syverson, A. (2001). *Alternative approaches to assessing young children.* Baltimore: Paul H. Brookes.

Lynch, E. M., & Struewing, N. A. (2001). Children in context: Portfolio assessment in the inclusive early childhood classroom. *Young Exceptional Children, 5*(1), 2-10.

Makin, L., & Diaz, C. J. (2002). *Literacies in early childhood: Changing views, challenging practices.* Baltimore: Paul H. Brookes.

Marvin, C., & Mirenda, P. (1993). Home literacy experiences of preschoolers enrolled in Head Start and special education programs. *Journal of Early Intervention, 17*, 351-367.

McNaught, M. (2002). Literacy for all? Young children and special literacy learning needs. In L. Makin & C. J. Diaz (Eds.), *Literacies in early childhood: Changing views, challenging practices* (pp. 233-249). Baltimore: Paul H. Brookes.

Meisels, S. (1993). Remaking classroom assessment with the work sampling system. *Young Children*, 34-40.

Notari-Syverson, A. (in press). Everyday tools of literacy. In S. Rosenkoetter & J. Knapp-Philo (Eds.), *Learning to read the world: Language and literacy in the first three years.* Washington, DC: Zero to Three Press.

Notari-Syverson, A. (2004). Literacy for all children: Scaffolding early language and literacy in young children with special needs. *Children and Families, 28*(1), 48-52.

Notari-Syverson, A. (2002). *Scaffolding emergent literacy: Supporting the early literacy development of young children with disabilities in natural enoironments* (OSEP Model Demonstration Funded Grant #H324M1020084). Seattle, WA: Washington Research Institute.

Notari-Syverson, A., O' Connor, R., & Vadasy, P. (1998). *Ladders to literacy: A preschool activity book.* Baltimore: Paul H. Brookes.

Notari-Syverson, A., Ryner, K., Challoner, J., Sadler, F., Lim, Y., Sturm, M., & Hedlund, R. (2004). *Literacy activities for caregivers and young children* (Unpublished manual). Seattle, WA: Washington Research Institute.

Orellana, M., & Hernandez, A. (1999). Talking the walk: Children reading urban environmental print. *The Reading Teacher, 52*(6), 612-619.

Paratore, J., Melzi, G., & Krol-Sinclair, B. (1999). *What can we expect of family literacy? Experiences of Latino children whose parents participated in an intergenerational literacy project.* Newark, DE: International Reading Association.

Saint-Laurent, L., Giasson, J., & Couture, C. (1998). Emergent literacy and intellectual disabilities. *Journal of Early Intervention, 21*, 267-281.

Sandall, S., Hernmeter, M. L., Smith, B., & McLean, M. (Eds.) (2005). *DEC recommended practices in early intervention/early childhood special education: A comprehensive guide for practical application.*

Longmont, CO: Sopris West.

Sénéchal, M., & LeFevre, J. (2002). Parental involvement in the development of children's reading skill: A five-year longitudinal study. *Child Development, 73*, 445-460.

Storch, S. A., & Whitehurst, G. J. (2002). Oral language and code-related precursors to reading: Evidence from a longitudinal structural model. *Developmental Psychology, 38*, 934-947.

Trivette, C., & Dunst, C. (2005). Family-based practices. In S. Sandall, M. L. Hernmeter, B. J. Smith & M. E. McLean (Eds.), *DEC recommended practices in early intervention/early childhood special education: A comprehensive guide for practical application* (pp. 107-126). Longmont, CO: Sopris West.

Turnbull, A., & Ruef, M. (1996). Family perspectives on family behavior. *Mental Retardation, 34,* 280-293.

Whitehurst, G. H., Falco, F. L., Lanigan, C. J., FischeL, J. E., Debaryshe, B. D., Valdez-Menchaca, M. C., & Caulfield, M. (1988). Accelerating language development through picture book reading. *Developmental Psychology, 24*, 552-559.

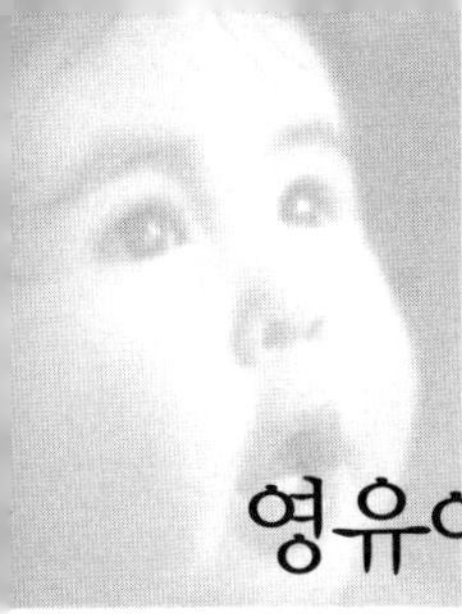

영유아의 문식성 발달을 위한 자연스러운 환경 구성

Carl J. Dunst, Ph.D., Orelena Hawks Puckett Institute, Asheville, NC
Pamela Shue, Ed.M., J. Iverson Riddle Developmental Center, Morganton, NC

베로니카는 집 앞 골목길 위에 여러 색깔의 분필로 줄이나 동그라미 등 다양한 모양을 그리는 것을 좋아한다. 그러다 보니 간단한 그림을 그리는 데 익숙해졌다. 그러나 아직까지 다양한 도형을 잘 구분하지는 못한다.

새미는 자석으로 된 알파벳 글자를 조합하여 본인의 이름을 정확히 배열할 수 있다. 거의 틀리지 않고 정확하게 글자를 맞추어 조합하는데, 참 신기하다.

메리와 메리의 아버지는 동네 작은 연못으로 자주 산책을 나온다. 메리와 아버지는 물고기나 오리에게 먹이가 되는 과자 부스러기를 주는데, 간혹 새들도 그 먹이를 먹기 위해 날아들곤 한다. 그럴 때 메리와 메리의 아버지는 물고기와 오리 그리고 새들에게 오늘 있었던 일을 이야기하거나 "배가 고팠니?"라고 말을 건네기도 한다.

타샤와 어머니는 함께 손가락 놀이를 하면서 동일한 음운으로 끝나는 구절이나 노래의 음절을 반복하면서 즐거운 시간을 보낸다. 타샤가 다양한 음소를 조합하는 능력은 놀라울 정도다.

윌리엄은 어머니가 자신이 좋아하는 책을 읽어 주는 것을 참 좋아한다. 윌리엄의 어머니는 하루에 100번 이상 똑같은 이야기책을 읽어 준 적도 있다. 그 이야기에 충분히 익숙해진 윌리엄은 아직 읽지 않은 부분을 미리 이야기하거나 그림만 보고도 이야기의 내용을 기억해 줄줄 말하기도 한다.

위 내용은 유아가 일상생활을 통해 초기 문식성을 학습하고 발달시키는 몇 가지 사례다. Cairney(2002)는 가정과 지역사회에서 갖는 다양하고 풍부한 경험이 아동의 읽기 및 쓰기 능력에 많은 영향을 미친다는 것이 여러 연구를 통해 증명되었다고 보고했다. 이 논문은 저자의 경험과 그동안에 이루어진 다양한 연구 결과를 바탕으로 쓰였다. 제목에서와 같이 이 논문은 유아의 초기 문식성 발달에 도움이 되는 다양하고 자연스러운 환경에 관하여 살펴볼 것이다. 이 논문은 4개의 부분으로 구성하였는데, 첫 번째 부분에서는 여섯 가지의 문식성 영역을 살펴보고, 두 번째 부분에서는 간단하지만 활용도가 높은 모델을 제시하였다. 이 모델은 일상생활에서 이루어지는 문식성 활동이 훗날의 문해력과 어떠한 상관관계가 있는지를 보여 주는 모델이다. 세 번째 부분에서는 여러 연구를 통해 밝혀진 내용으로 문식성 발달에 도움이 되는 활동의 예를 소개할 것이다. 마지막으로 네 번째 부분에서는 유아의 문식성에 도움이 되는 부가적인 활동을 포함시킬 것이다.

이 논문에 소개된 다양한 내용과 사례들은 유아의 초기 문식성 발달에 직접적인 도움이 되는 프로그램을 구성하는 데 도움이 될 것이다.

문식성 이전 단계의 발달 영역

연구에 의하면 문식성 발달 영역은 여섯 가지—낱글자 인식, 인쇄물 인식, 글, 글과 말의 이해, 음운 인식, 말(Shue, 2005)—로 구분된다. 이처럼 〈표 1〉은 여섯 가지 영역에 대한 정의를 포함하고 있는데, 이를 통해 각각의 영역이 어떻게 초기 문식성 발달의 근간이 되는지 이해할 수 있을 것이다. 각각의 영역에 대한 발달은 자연스러운 학습 환경에서 자연스럽게 획득될 수 있는데 이와 같은 내용이 여기서 심도 있게 논의될 것이다.

낱글자 인식

낱글자 인식은 단어의 전후 문맥에서 단어의 일부분을 사용하고, 독립된 낱글자의 명칭을 이해하는 것으로부터 형성된다(Whitehurst & Lonigan, 2001). 유아가 스스로 낱글자를 가지고 실험하고, 글자를 써 봄으로써 낱글자 인식이 형성된다(Armbruster, Lehr, & Osborn, 2003).

〈표 1〉 문식성 이전 단계의 발달 영역

영 역	정 의
낱글자 인식	단어에서 알파벳(낱글자)을 인식하는 능력을 의미함. 글자의 형태를 보고 인식하거나 글자의 소리(음소)를 알아보고 구별해 내는 능력을 의미함(Whitehurst & Lonigan, 2001, p. 14)
인쇄물 인식	글자를 알아보고 읽고 이해하는 능력. 책은 앞 장부터 끝장까지 읽어 내려가는 것이라고 이해하는 것. 인쇄된 내용이 책장에 어떻게 나타나 있는지를 이해하고, 인쇄된 내용(예, 문자, 단어)은 의미를 지니고 있음을 아는 능력
글	인쇄되어 있거나 쓰인 형태의 글이 생각이나 의미를 담고 있음을 아는 능력. 낱글자와 단어를 구분할 수 있는 능력도 포함됨
글과 말의 이해	말이나 글로 쓰인 것의 의미를 이해하는 능력. 독해란 읽기 매체가 의미하는 바를 이끌어 내거나 재구성하는 일련의 이해 과정을 의미함
음운 인식	음운을 알아듣고, 발음하고, 어휘 속에서 사용하는 능력을 의미함. "들은 것을 알아듣고 이해하는 것을 포함함. 의미를 이해한다기보다는 말소리를 듣고 무슨 글자의 조합인지 이해하는 것도 포함됨. 단어에서 동일 음운을 찾아내거나 노래 가사나 동시에서 동일 음운이 반복되는 것을 알아내고 그것을 즐기는 능력 등" (Snow, Burns, & Griffin, 1998, p. 52)
말	의사소통의 개념 및 사고를 위한 단어 사용 능력. 이해를 위한 도구로서 단어(낱말)를 사용함. "단어의 구성, 조직된 단어의 규칙, 그들의 변화, 이해의 기초로 불리는 듣기 능력과 재구조 능력" (Roskos, Tabors, & Lenhart, 2004, pp. 6-7)

또한 낱글자로 된 노래 부르기, 낱글자 책 읽기, 낱글자의 조합을 이해하는 활동하기, 본인이나 가족의 이름 쓰기 등과 같은 활동에 참여하는 것을 통해 유아는 낱글자 인식을 발달시킨다.

인쇄물 인식

인쇄물 인식이란 유아가 글의 특성과 글자의 규칙을 인식하는 것을 의미한다(Strickland & Schickedanz, 2004). 인쇄물 인식은 유아가 인쇄물의 글자가 말로 표현될 수 있는지를 이해하는 능력과 인쇄된 문서의 중요한 특성을 아는 능력을 포함한다(예, 왼쪽부터 오른쪽으로 읽기, 위에서 아래로 읽기). 인쇄물의 다양한 형태(예, 상표, 표지판)를 다양한 환경에서 접하게 되면서 유아는 인쇄물의 의미를 보다 잘 이해하게 될 것이다

글

글에 대한 인식이란 유아가 자신의 생각을 어떻게 글자로 표현하는지에 대한 기능적인 능력을 의미한다(Dyson, 2002). 알파벳 문자 쓰기, 자신의 이름 쓰기, 단어 쓰기를 배울 때 문자의 속성과 글을 이해하게 된다. 이러한 활동에는 쓰기 전 기술도 포함되는데, 낙서, 그림 그리기, 선 긋기, 점선 따라 쓰기, 베껴 쓰기, 컴퓨터 키보드 치기 등 여러 가지 활동이 여기에 포함된다. 이러한 활동을 통해 유아는 자신의 생각과 단어, 개념 등을 문자로 표현할 수 있다는 것을 알게 된다.

글과 말의 이해

글과 말의 이해력이란 글자나 구어로 된 내용을 유아가 읽고, 듣고, 의미를 파악하는 능력을 의미한다(Snow, 2002). 이해력은 유아의 어휘 사용 능력, 인쇄 매체에 대한 이해, 글로 된 것을 말로 바꾸어 전달하는 행위 등과 연관이 있다. 사물, 사람 그리고 세상에 대한 경험은 어휘와 쓰기 및 구어의 이해를 위한 토대를 형성하는 기회가 된다.

음운 인식

음운 인식은 듣기, 확인하기, 음운 조작하기, 음소를 연결하여 말하기와 같은 능력을 의미한다(Snow, Burns, & Griffin, 1998). 이것은 음운, 혼합어, 음소와 어절 등이 모두 포함된다(Armbruster et al., 2003). 소리의 유사점과 차이점을 인식하는 능력은 독립된 음소와 음소들의 혼합에 대한 유아의 통찰력을 도와주고 강화해 준다.

말

말에 대한 인식은 말소리와 말의 의미를 연결시키는 능력을 말하는데, 말의 의미를 파악하는 데 있어서 음운학적(음소의 결합 원리), 의미론적, 통사론적(문장에서의 순서), 말의 구성 요소 등을 파악하여 이해하는 능력과 관련이 있다(Roskos, Tabors, & Lenhart, 2004).

초기 문식성 발달 모델

[그림 1]은 일상의 환경과 활동을 통해 경험하는 문식성 기술이 어떻게 각각의 언어 능력과 연결되어 발달하는지를 보여 준다. 결국 초기 문식성 중재는 미래의 문식성 능력의 발달(읽기, 쓰기, 독해 등)에 지대한 영향을 준다(National Institute of Child Health and Human Development, 2000).

일상에서 제공되는 풍부한 문식성 환경은 유아의 문식성 경험의 원천이 된다. 많은 연구(Bruder, Trivette, Dunst, & Hamby, 2000; Neuman & Dickinson, 2002)에서도 유아의 초기 문식성 발달을 위

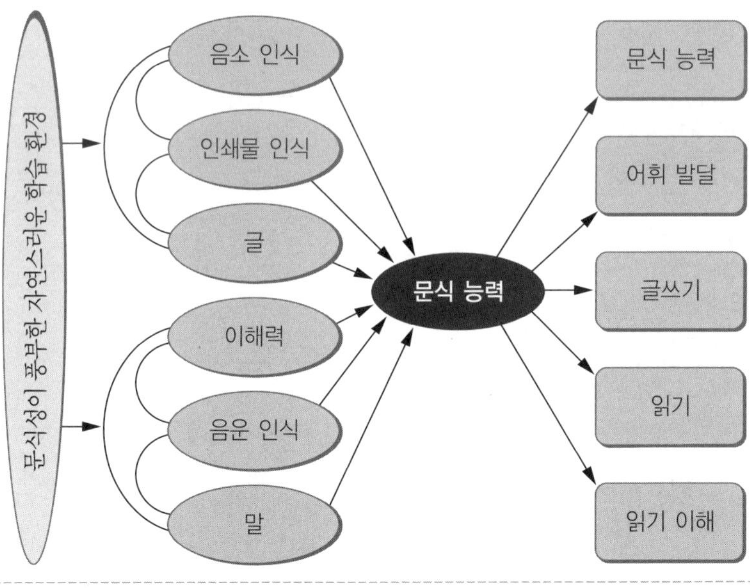

[그림 1] 일상생활과 초기 문식성 및 문식성 간의 관계 모델

해 다양한 활동에 참여할 것을 강조하고 있다. [그림 1]은 일상에서 하는 세 가지의 전형적인 문식성 활동에 대한 아동의 참여 정도를 보여 준다(Dunst, Hamby, Trivette, Raab, & Bruder, 2002).

[그림 1]이 보여 주듯이 유아가 돌 정도가 되면 책을 보거나 읽기, 이야기 들려주기, 잠자리에서 책 읽어 주기와 같은 활동이 잦아지며, 유아원에서도 이러한 활동이 지속적으로 증가될 것이다.

[그림 1]에서 제시한 모델은 이러한 경험과 기회가 어떻게 초기 문식성 발달과 연결되는지를 잘 보여 준다(Dunst, Hamby, Trivette, Raab, & Bruder, 2002). 이러한 경험과 기회는 일상의 활동과 자연스럽게 연결된다.

초기 문식성 발달은 두 가지 종류의 기술, 즉 인쇄물과 관련된 기술(낱글자 인식, 인쇄물 인식, 글)과 언어 처리 및 과정과 관련된 기술(이해력, 음운 인식, 말) 모두를 향상시킨다. 초기 문식성 발달은 이렇

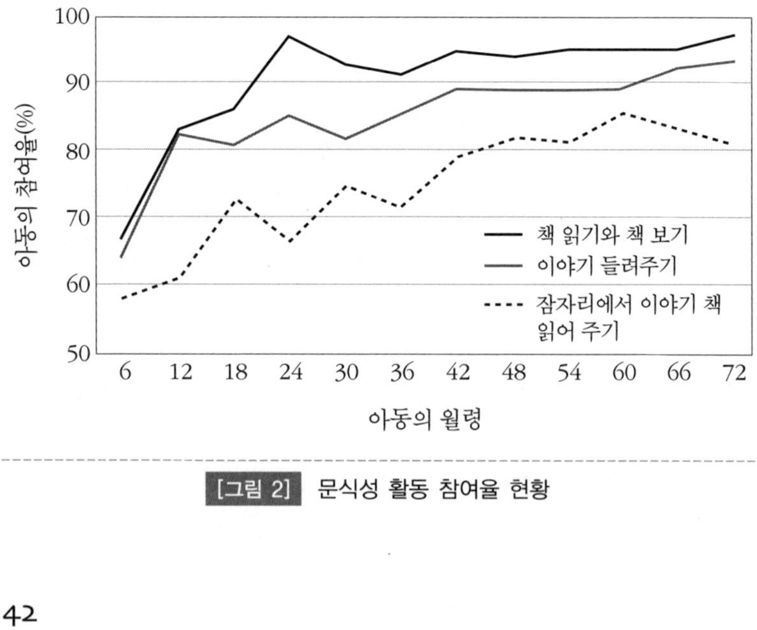

[그림 2] 문식성 활동 참여율 현황

듯 유아기의 다양한 경험에 의해 향상된다.

유아가 가정과 지역사회에서 접하는 다양한 활동이 유아의 어떠한 발달과 연관되는지를 분명하게 아는 것이 중요하다. 예를 들어, 손가락 게임, 음운 게임, 음절 박수 게임은 음운 인식 발달을 위한 것이라고 할 수 있다(Anthony & Lonigan, 2004). 한편 달리기, 오르기, 뛰기와 관련된 활동은 근육운동의 조절과 근육의 힘의 발달과 연관된 것이라 할 수 있다. 초기 문식성 중재의 목적은 유아에게 풍부한 문식성 경험을 제공하기 위한 것이다. 그렇게 하기 위해서 어떠한 활동이 문식성에 도움이 되는지를 이해하는 것은 매우 중요하다.

우리가 알다시피 초기 인쇄물, 구어 및 음운 인식의 경험은 미래의 문식성 능력인 읽기와 쓰기에 중요한 역할을 하기 때문이다(Pullen & Justice, 2003).

초기 문식성 발달을 위한 자연스러운 일상 환경

초기 문식성 단계에 관한 선행 연구의 분석을 통하여 영아기와 유아기에 활용 가능한 일상에서의 문식성 활동을 알아볼 수 있었다(Shue & Dunst, in press-a). 우리는 특히 과학적으로 연구된 논문의 결과에 초점을 맞추었다. 이 연구 목록은 인터넷 사이트(www.everydaylearning.info/product.php)에서 찾아볼 수 있다.

문식성과 관련된 선행 연구를 통해 일상에서 유아가 할 수 있는 다양한 문식성 활동을 도출해 냈다. 이렇게 도출된 활동은 '초기 문식성 경험 척도'(Dunst, Raab, & Shue, in press)의 개발에 활용되었다. 부모에게 이 척도를 작성하도록 한 후에 이러한 활동을 얼마나 자주 하는지 질문하도록 되어 있다. 이 척도는 우리가 기존에 실시했던 유아기의 일상 학습 환경에 관한 국가적 수준의 연구에 기초하여 개발되었다(Dunst et al., 2000; Dunst et al., 2002). 이 연구를 통해, 유아의 다양한 활동에의 참여는 유아와 부모 모두에게 도움이 된다는 것을 알 수 있다(예, Dunst, Bruder, Trivette, & Hamby, in press; Trivette, Dunst, & Hamby, 2004).

'초기 문식성 경험 척도'에 포함되는 활동의 예를 〈표 2〉에 제시하였다.

〈표 2〉 일상의 문식성 경험과 해당되는 문식성 발달 영역

AA: 낱글자 인식, PR: 인쇄물 인식, WL: 글
CM: 말/글 이해, PA: 음운 인식, OL: 말

일상의 문식성 활동	문식성 발달 영역					
	AA	PR	WL	CM	PA	OL
거리 표지판, 상점 간판 읽기		X	X			
비디오 대여점에서 비디오 고르기		X	X			
칠판에 쓰기, 낙서하기		X	X			
그림책 보기		X	X			
그림, 카드 게임 놀이하기		X	X			
컴퓨터 키보드 사용하기	X	X	X			
생일 카드 만들기, 카드 쓰기	X	X	X			
크레용이나 매직펜으로 색칠하기	X		X			
알파벳 스탬프, 알파벳 블록, 자석 문자 놀이	X		X			
컴퓨터로 그림 그리기	X		X			
가족 사진첩에서 좋아하는 사진 보기		X				
스크랩북에 사진 붙이기		X				
일기에 사진 붙이기		X				

신문 또는 잡지의 사진 오리기		X				
지도 보기		X				
친숙한 간판 읽기		X	X			X
신문, 만화, 쇼핑 정보지 보기		X	X			
그림사전 보기	X	X				
그림 그리기, 색칠하기	X	X				
유아를 위한 텔레비전 프로그램 보기				X		
동화 테이프 듣기				X		
영화, 비디오 보기				X		
구연동화 듣기				X		
취침 전에 누워서 이야기 읽기 또는 듣기				X	X	
음악 듣기					X	
테이프에 이야기 녹음하기					X	X
'까꿍놀이'와 같은 게임 놀이하기					X	X
손가락 게임, 박수 게임 놀이하기 (예, Thumbkin, Five Little Monkeys)					X	X
음운 게임 놀이하기					X	X
노래 짓기, 노래 부르기					X	X
짧은 텔레비전 광고 노래 따라 부르기					X	X
인형 또는 동물 인형 가지고 놀기					X	X
쇼핑 목록 적기					X	X
자장가 부르기					X	X
식사 시간에 대화하기						X
전화하기				X		X
장난감 전화로 대화 놀이하기						X
좋아하는 장난감이나 하고 싶은 일에 대해 말하기				X		X
시리얼 상자 읽기 또는 보기		X	X			X
카드 또는 보드 게임 놀이하기	X	X			X	X
책, 잡지, 신문 읽기			X		X	

레스토랑 메뉴 보기 또는 읽기		X	X	X	X	
조리법 읽기		X	X		X	X
편지 또는 이야기 쓰기	X	X	X	X		
도서관 방문하기		X		X		
음식점 가기		X		X		
자동차, 버스 타기		X				X
친구나 친척에게 편지나 이메일 보내기	X	X	X		X	
조리법 쓰기	X	X	X		X	
쇼핑 목록 쓰기	X	X	X		X	
글자 또는 이야기 받아쓰기 또는 들려주기			X	X		X
도서관이나 서점에서 구연동화 듣기				X	X	X
인형극 보러 가기				X		X
아동 박물관 방문하기		X		X		
지역사회 산책로 걷기				X		X

〈표 2〉에 제시된 활동은 초기 문식성 기술의 다양한 유형의 발달에 유익한 영향을 줄 것이다. Cairney와 Ruge(1998)의 '문식성 연습' 자료는 〈표 2〉의 활동의 예를 구성하는 데 특히 많은 도움이 되었다.

〈표 2〉에 제시된 활동은 크게 세 범주—① 인쇄물과 관련된 중요한 요소(낱글자 인식, 인쇄물 인식, 글), ② 언어 처리 기술을 위한 중요한 요소(이해력, 음운 인식, 말), ③ 위의 두 가지 영역 발달에 도움이 되는 적절한 환경 구성—로 구성된다. 〈표 2〉에서 'X' 표시가 된 항목은 활동과 가장 밀접한 관련이 있는 문식성 기술을 가리킨다.

인쇄물과 관련된 능력

낱글자 인식 낱글자 블록 놀이, 글자 모양, 글자 자석, 글자 우표 등과 같은 다양한 놀잇감을 활용한 다양한 활동이 낱글자 인식의 발달에 도움이 된다. 최근 많은 유아들이 컴퓨터 모니터에 나타나는 글자를 보고 키보드를 사용하여 낱글자를 익힐 기회를 가진다. 특히, 다양한 사진과 단어를 붙인 스크랩북 만들기 활동은 낱글자 인식을 발전시키기에 좋은 활동이다.

인쇄물 인식 유아의 인쇄물에 대한 인식은 사진, 이미지, 글자의 상징을 이해함으로써 발달된다. 인쇄물 관련 활동으로는 가족사진첩 보기, 만화책 보기, 시리얼 상자의 단어 인식하기 활동 등이 있다. 거리 표지판, 레스토랑 간판, 슈퍼마켓 간판 등을 읽고 인식하는 것은 상징과 인쇄물과 관련된 경험을 제공한다. 취학 전 아동의 경우에는 그림사전을 읽고 보는 것으로 도움을 받을 수 있다.

글 일상에서 하는 모든 활동(예, 펜 또는 크레용으로 색칠하기)과 계획된 중재 활동(예, 쇼핑 목록 만들기)은 초기 글쓰기 기술을 발달시키는 좋은 기회가 된다. 그리기, 칠하기, 베껴 쓰기, 점선 따라 긋기 등과 같은 활동은 글쓰기 기술의 발달에 지대한 영향을 미친다. 또한 컴퓨터 키보드 자판을 치는 것도 인쇄된 형태의 단어를 볼 수 있는 기회를 제공한다. 레시피 적기, 쇼핑 목록 작성하기, 메일 보내기, 친구 또는 가족에게 편지 쓰기와 같은 활동은 글에 대한 이해력을 높여 주는 좋은 활동의 예다.

언어 처리 기술

글 또는 말의 이해력 글과 말에 대한 이해력은 글 또는 말로 된 내용을 이해하는 것을 의미하는데, 잠자리에서 이야기 듣기, 아동 신문이나 잡지 보기, 책에 있는 사진과 단어 인식하기와 같은 모든 활동에 의해 향상된다. 구연동화 듣기, 아동용 방송 보기 등은 말에 대한 이해력에 영향을 주는 활동이다. 레스토랑 메뉴 읽기, 책을 보고 읽는 동안 다음에 일어날 사건 예측하기, 비디오 가게에서 영화 고르기와 같은 활동은 문자의 이해를 촉진하는 활동이다.

음운 인식 유아의 음운 인식에 도움이 되는 많은 활동들은 대부분의 유아가 일반적으로 흥미로워하는 활동과 거의 동일하다. 초기의 음운 인식 기술은 일반적으로 부모와 유아가 나누는 대화, 무릎에 앉혀 놓고 하는 게임(예, Peek-a-Boo)과 같은 활동을 통해 발달된다. 특히, 손가락 게임(예, Thumbkin, Five Little Monkeys, Itsy-Bitsy Spider), 음운 게임, 노래 만들기, 후렴구 반복하기, 시 구절 반복하여 말하기와 같은 활동은 취학 전 유아에게 소리 자극의 구분 능력을 촉진시켜 줄 수 있는 좋은 활동의 예다. 소리를 듣고 무엇인지를 알아맞히기와 같은 보다 정교한 능력을 요하는 게임은 소리의 유사점과 차이점을 구분하여 유아의 소리 자극을 강화하는 데 도움이 될 것이다.

말 전화를 들고 가상으로 전화를 하는 가상 전화 놀이, 좋아하는 장난감과 사람에 대해 말하기, 자장가 부르기와 같은 활동은 말을 촉진하는 활동의 좋은 예다. 한 연구에 의하면 유아는 흥미 있으면서 자연스러운 환경 속에서 활동에 참여하는 가운데 말의 기술을 발달시킨다고 한다(Nelson, 1999).

일상 활동에서의 문식성 학습 지원

초기 문식성 발달을 위한 활동에 있어 자연스러운 학습 환경을 제공해 주면 유아의 참여가 촉진된다. 연구에 의하면 자연스러운 환경에서 유아의 문식성 기술이 효율적으로 향상된다고 하였고, 이러한 초기 문식성 기술은 미래의 읽기, 쓰기 등의 언어 발달에 중요한 역할을 하는 것으로 입증되었다.

[그림 3]은 유아를 위한 풍부한 문식성의 학습 기회와 부모 혹은 양육자와 함께하는 연습이 어떻게 문식성 학습을 촉진하고 문식성 발달을 강화하는지를 입증하는 구조를 보여 준다([그림 3] 참조). 부

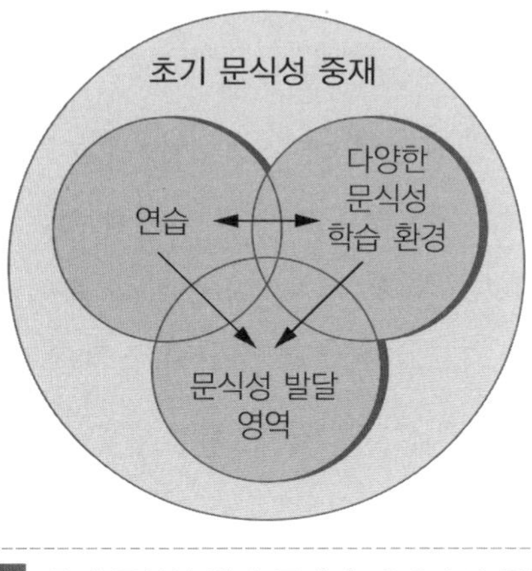

[그림 3] 초기 문식성 발달 중재의 세 요소의 통합 구조

모 또는 양육자에게 문식성 활동 방법을 알려 주면, 유아는 문식성 중재 모델에 제시된 여섯 가지의 문식성 영역을 연습할 수 있는 기회가 많아져서 발달이 촉진될 수 있다.

가정이나 지역사회에서 이루어지는 모든 학습 활동은 초기 문식성 발달을 촉진하며, 이러한 활동에는 적합한 교수 기회가 다양하게 내재되어 있다. 교수 전략에는 반응 교수(responsive teaching)(Kaiser et al., 1996), 비계 설정(scaffolding)(Ukrainetz, Cooney, Dyer, Kysar, & Harris, 2000), 암묵적 교수(implicit instruction) (Neuman & Roskos, 1993) 등이 포함된다. 이러한 전략은 유아의 문식성 학습을 지원하는 데 유용하게 사용될 수 있는 것들이다.

반응 교수

반응 교수(responsive teaching) 및 우연 교수(incidental teaching)는 유아의 문식성 행동을 지속시켜 주기 위한 하나의 교수 방법으로 부모의 반응(Trivette, 2003)을 높여 유아의 문식성 행동을 확장시키고 지원하는 방법이다(Seitz & Stewart, 1975).

예를 들어, 자녀가 자신의 이름을 적을 때 부모가 매우 행복해하는 모습을 보여 주는 것이 하나의 방법이다(예, "맞아! 너의 이름은 B로 시작한단다."). 그리고 자녀가 자신의 이름에 흥미로워할 경우 글자를 모방하여 쓸 수 있도록 부모나 교사가 요구해 볼 수 있다(예, "보비라는 이름이 무슨 글자로 시작하는지 잘 보렴!"). 이러한 활동은 간단하지만 문식성 발달에 큰 도움이 될 수 있다.

비계 설정

비계 설정(scaffolding)은 유아의 문식성 능력을 확인하고, 필요한 경우 도움을 제공하는 정교한 교수 전략의 한 유형이다(Rome-Flanders, Cronk, & Gourde, 1995). 이 전략은 유아의 문식성 기술의 숙달과 성취를 위해 유아가 적극적으로 참여할 수 있는 기회를 준다.

이 전략의 최종 목표는 인쇄물의 이해와 언어적 처리 과정과 관련된 모든 활동에의 참여를 통해 유아가 독립적으로 문식성 기술을 활용하도록 하는 것이다. 유아에게 책을 읽어 주고 인쇄물에 대한 인식을 촉진하기 위하여 인쇄된 문자의 의미에 대해 단서와 힌트를 제공해 주고 있다면, 간단한 비계 기술 전략을 이미 사용하고 있는 셈이다(예, "다음에 무슨 이야기가 나올 것 같니?").

암묵적 교수

암묵적 교수(implicit instruction)는 문식성에 대한 유아의 주의 집중에 초점을 두는 교수 전략이다. 이 교수 전략을 통해 자녀를 지원하고 안내하며, 기대가 어느 정도 성취되었는지에 대한 피드백을 제공해 줄 수 있다(Neuman & Roskos, 1993). 유아의 경험에 관해 반응적으로 이야기를 촉진하는 방법(예, "동물원에서 코끼리를 보았을 때 어떤 일이 일어났니?")도 있고, 유아에게 다가오는 생일 파티와 같은 이벤트를 생각하면서 쇼핑 목록을 작성하게 하는 방법(예, "우리가 가게에 가서 사야 하는 것이 뭐지?")도 있다. 이것들은 암묵적인 교수 원리를 활용한 것이다. 좀 더 심화된 방법으로 지도하는 전략도 있다(예, "다음에 일어날 일이 무엇일까?" "우리에게 또 필요한 게 뭐지?"). 이러한 전략들은 문식성 행동을 북돋워 줄 것이다. 암묵적 교수의 핵심은 유아가 자신이 성취한 것을 알 수 있도록 피드백을 제공해 주는 것에 있다(예, "동물원에서 일어났던 많은 일들을 다 기억하는구나." "우리가 가게에서 사야 할 모든 것을 네가 잘 기억해서 엄마를 도와주었구나.").

자녀가 풍부한 문식성 학습 활동에 참여하여 다양한 암묵적 경험을 할 수 있도록 부모를 북돋워 주기 위해 우리가 반드시 기억해야 할 중요한 사항이 있다. 이러한 활동이 형식적이지 않도록 해야 하며, 반드시 '자연스러운' 상황에서 일어나야 한다는 것이다. 형식적이고 구조화된 상황을 연출하여 이러한 것을 학습시키려고 할 경우에는 실패하거나 부정적인 결과가 나타날 수도 있음을 명심해야 할 것이다(Janes & Kermani, 2001).

요 약

이 논문은 문식성 기술의 요소, 초기 문식성 학습의 기회가 되는 모든 활동, 부모가 자녀의 문식성 기술의 발달을 이끌어 주는 다양한 활동에 대한 정보를 제공하고 있다. 이 논문에서는 몇 가지 문식성 관련 모델이 소개되었는데, 문식성 능력을 발달시키기 위한 방법으로 초기 문식성 경험(자연스러운 학습 환경)의 참여를 강조하고 있다. 이 논문에는 성공적인 문식성 학습의 필수적인 요소도 포함되어 있다.

이 논문에서 서술된 문식성 학습 방법의 핵심은 비형식성이다. 즉, 가정과 지역사회의 자연스러운 환경에서의 모든 활동이 풍부한 문식성 활동이 될 수 있다.

이러한 초기 문식성 학습은 미래의 형식적인 언어교육의 기초가 된다. 문식성 발달을 위한 자연스러우면서도 적절한 경험은 초기 문식성 발달의 기초가 됨을 우리는 명심해야 한다.

주

Carl J. Dunst: dunst@puckett.org

참고문헌

Anthony, J. L., & Lonigan, C. J. (2004). The nature of phonological awareness: Converging evidence from four studies of preschool and early grade school children. *Journal of Educational Psychology, 96*, 43-55.

Armbruster, B. B., Lehr, F., & Osborn, J. (2003). *Put reading first. The research building blocks for teaching children to read.* Washington, DC: National Institute for Literacy.

Bruder, M. B., Trivette, C. M., Dunst, C. J., & Hamby, D. (2000, December). *Comparative study of natural learning environment interventions to promote English language learning.* Poster presented at the 16th Annual DEC International Early Childhood Conference on Children With Special Needs. Albuquerque, NM.

Cairney, T. H. (2002). Bridging home and school literacy: In search of transformative approaches to curriculum. *Early Child Develop-*

ment and Care, 172, 153–172.

Dunst, C. J., Bruder, M. B., Trivette, C. M., & Hamby, D. W. (in press). Everyday activity settings, natural learning environments, and early intervention practices. *Journal of Policy and Practice in Intellectual Disabilities.*

Dunst, C. J., Hamby, D., Trivette, C. M., Raab, M., & Bruder, M. B. (2002). Young children's participation in everyday family and community activity. *Psychological Reports, 91*, 875–897.

Dunst, C. J., Hamby, D., Trivette, C. M., Raab, M., & Bruder, M. B. (2000). Everyday family and community life and children's naturally occurring learning opportunities. *Journal of Early Intervention, 23*, 151–164.

Dunst, C. J., Raab, M., & Shue, P. (in press). *Early literacy experiences scale.* Asheville, NC: Winterberry Press.

Dyson, A. H. (2002). Writing and children's symbolic repertoires: Development unhinged. In S. B. Neuman & I. K. Dickinson (Eds.), *Handbook of early literacy research* (pp. 220–241). New York: Guilford.

Janes, H., & Kermani, H. (2001). Caregivers' story reading to young children in family literacy programs: Pleasure or punishment? *Journal of Adolescent and Adult Literacy, 44*, 458–466.

Kaiser, A. P., Hemmeter, M. L., Ostrosky, M. M., Fischer, R., Yoder. P., & Keefer. M. (1990). The effects of teaching parents to use responsive interaction strategies. *Topics in Early Childhood Special Education, 16*, 375–406.

National Institute of Child Health and Human Development (2000). *Report of the National Reading Panel. Teaching children to read: An evidence-based assessment of the scientific research literature on reading and it simplications for reading instruction.* Washington,

DC: U.S. Government Printing Office.

Nelson, K. (1999, Winter). Making sense: Language and thought in development. *Developmental Psychologist,* 1-10.

Neuman, S. B., & Dickinson, D. K. (Eds.) (2002). *Handbook of early literacy research.* New York: Guilford.

Neuman, S. B., & Roskos, K. (1993). Access to print for children of poverty: Differential effects of adult mediation and literacy-enriched play settings on environmental and functional print tasks. *American Educational Research Journal, 30,* 95-122.

Pullen, P. C., & Justice, L. M. (2003). Enhancing phonological awareness, print awareness, and oral language skills in preschool children. *Intervention in School and Clinic, 38,* 87-98.

Rome-Flanders, T., Cronk, C., & Gourde, C. (1995). Maternal scaffolding in mother-infant games and its relationship to language development: A longitudinal study. *First Language, 15,* 339-355.

Roskos, K. A., Tabors, P. O., & Lenhart, L. A. (2004). *Oral language and early literacy in preschool.* Newark, DE: International Reading Association.

Seitz, S., & Stewart, C. (1975). Imitations and expansions: Some developmental aspects of mother-child communications. *Developmental Psychology, 11,* 763-768.

Shue, P. L. (2005). Sources of information about preliteracy development. *CASEmakers, 1*(3), 1-4. Retrieved from http://www.fippcase.org/products.

Shue, P., & Dunst, C. J. (in press-a). Everyday family and community contexts of early literacy learning. *CASEinPoint.*

Shue, P., & Dunst, C. J. (in press-b). Sources of information about everyday community literacy activities. *CASEmakers.*

Shue, P., & Dunst, C. J. (in press-c). Sources of information about everyday family literacy activities. *CASEmakers.*

Snow, C. (2002). *Reading for understanding: Toward an R & D program in reading comprehension.* New York: RAND Corp.

Snow, C. E., Burns, M. S., & Griffin, P. (Eds.) (1998). *Preventing reading difficulties in young children.* Washington, DC: National Academy Press.

Strickland, D. S., & Schickedanz, J. A. (2004). *Learning about print in preschool.* Newark, DE: International Reading Association.

Trivette, C. M. (2003). Influence of caregiver responsiveness on the development of young children with or at risk for developmental disabilities. *Bridges, 1*(3), 1-13. Retrieved from http://www.evidencebasedpractices.org/bridges/bridges_ vol1_n03.pdf.

Trivette, C. M., Dunst, C. J., & Hamby, D. (2004). Sources of variation in and consequences of everyday activity settings on child and parenting functioning. *Perspectives in Education, 22*(2), 17-35.

Ukrainetz, T. A., Cooney, M. H., Dyer, S. K., Kysar, A. J., & Harris, T. J. (2000). An investigation into teaching phonemic awareness through shared reading and writing. *Early Childbood Research Quarterly, 15*, 331-355.

Whitehurst, G. J., & Lonigan, C. J. (2001). Emergent literacy: Development from prereaders to readers. In S. B. Xeuman & D. K. Dickinson (Eds.), *Handbook of early literacy' research* (pp. 11-29). New York: Guilford.

가정 문식성 목록

초기 문식성 발달을 위한 유아의 환경 평가

Christine A. Marvin, Ph.D.
Nancy J. Ogden, M.A.
University of Nebraska

서 론

대부분의 부모는 유아의 문식성은 그저 자연스럽게 발달될 것이라고 생각하며, 때가 되면 유아의 문식성 발달을 기대할 것이다. 그러나 이 기대가 항상 모두에게 이루어지는 것은 아니다. 다양한 이유가 있겠지만, 유아들 중에는 유치원이나 초등학교에 입학하면서 문해력이 낮고 자신의 이름이나 겨우 알아보는 낮은 문식성 기술을 가지고 있는 경우도 있고, 쓰기나 그리기 활동에 흥미가 없거나 어려움을 보이기도 한다. 일부 전문가와 부모는 초등학교 1학년에 읽고 쓰는 기술을 배워도 결코 늦지 않다고 주장하지만 다수의 전문가들과 부모들은 초등학교 입학 전에 자연스럽고 충분한 문식성 경험을 하는 것이 중요하다고 강조한다.

문식성 경험에는 그림책을 만지고 놀거나 보기, 자장가나 동요 부르기, 낙서하기, 기초적인 쓰기, 이야기 듣기 등 다양한 활동이 포함된다. 또한 어른과 함께 지나간 일에 대해 이야기를 나누거나 친숙한 로고나 인쇄물의 내용을 인식하는 것도 문식성 활동에 속한다. 여러 연구에서도 밝혀진 바와 같이, 이러한 문식성 경험 없이 초등학교에 입학한 아동은 낮은 읽기 능력을 가질 가능성이 높으며 학습에 많은 어려움을 보일 수 있다(Dickinson & DeTemple, 1998; Dickinson & Tabors, 1991; Neuman & Dickinson, 2001; Snow, Barnes, Chandler, Goodman, & Hemphill, 1991).

특히, 가족 요인은 취학 전 유아의 자연스러운 문식성 기술의 발달과 많은 관련이 있다. 이러한 가족 요인에는 사회경제적인 수준과 부모의 교육 수준(Auerbach, 1989; Heath, 1983; White, 1982), 자녀 교육에 대한 부모의 열정(Hiebert & Adams, 1987) 및 부모와 자녀 관계의 질 등이 포함된다(Teale & Sulzby, 1987).

문식성과 관련되는 구체적인 요인으로 선행 연구에서 밝혀진 것들은 다음과 같다.

- 매일 규칙적으로 유아에게 읽어 주기(Anderson & Stokes, 1984; Heath, 1983).
- 유아가 다른 사람들에게 읽어 줄 수 있는 기회를 제공하기(Teale & Sulzby, 1987, 1989).
- 사람들이 기능적인 목적으로 책이나 인쇄 매체 등을 읽거나 보는 것을 유아로 하여금 보게 하기(Cochran-Smith, 1984).
- 유아가 읽고 쓰는 활동에 쉽게 접근하도록 하기(Cochran-Smith, 1984).
- 유아가 읽고 쓰는 활동을 하는 동안에 이야기와 인물에 대해 이

야기를 나누는 기회를 가지기(Hemphill & Snow, 1996; Rush, 1999).

- 유아가 집에서, 책이 있거나 없거나 상관없이 과거에 일어났던 일이나 현재의 사건 등에 대한 다양한 대화에 참여할 수 있게 하기(Lonigan & Whitehurst, 1999).
- 자장가 또는 동요, 손가락 놀이, 노래, 시 또는 음운을 포함시키는 활동에 참여하게 하고, 반복되거나 무의미한 소리(nonsense sound)와 같은 소리 놀이에 참여할 수 있게 하기(Catts, 1991).
- 부모나 교사는 함께 영상물을 보면서 유아에게 사건, 줄거리, 등장인물의 행위, 원인 그리고 행동에 대해 설명해 주기(Mason, 1980).

앞에 제시한 것과 같은 자연스러운 문식성 경험은 발달 지체나 다른 장애를 가진 유아를 포함하여 모든 어린 유아에게 적절한 활동이 될 수 있다(Dale, Crain-Thoreson, Notari-Syverson, & Cole, 1996; Gillam & Johnston, 1985; Katims, 1991; Mirenda, 1993). 장애 정도가 심하여 읽기에 큰 어려움이 있거나 신체적 또는 인지적 한계가 있는 경우라 하더라도 읽기를 학습할 수 있다. 그리고 심각한 인지 및 언어 손상으로 읽기를 배울 수 없는 경우에도, 인쇄 매체의 의미, 인쇄 매체의 기능적 활용의 목적 등에 대한 이해 등은 학습할 수 있다. 여기서 강조하고 싶은 것은, 장애가 있건 없건 간에 문식성의 성공적 요인은 동일하다는 사실이다. 장애의 정도나 여부를 떠나 가족의 지지를 받으며 초기 문식성 활동을 다양하게 경험하게 되면, 후에 읽고 쓰기를 원활하게 할 수 있는 문해 기술을 습득할 수 있다(Brown,

1954; Koppenhaver, Evans, & Yoder, 1991; Rush, 1986; Smith, 1992).

가정에서의 문식성 경험의 조사

교사가 유아의 문식성 환경을 이해하는 것은 유아를 위한 개별적이고 적절한 언어-문식성 활동을 계획하는 데 필요하며 또한 중요하다. 유아의 가정에서의 문식성 경험을 조사하기 위한 가장 보편적인 접근 방법이 부모와의 상담이다. 그리고 가정의 문식성 환경은 학교에 들어갔을 때 유아의 문식성 기술을 예측할 수 있는 좋은 자료로 잘 알려져 있다(Dickinson & DeTemple, 1998). 간단하게 작성할 수 있는 부모 조사는 다양한 연령의 유아 집단(Watson, Orovitz, & Andrews, 1998)과 고위험군 유아 집단(Dickinson & DeTemple, 1998; Light & Kelford-Smith, 1993; Marvin & Mirenda, 1993; McCathren & Allor, 2002) 등 어떠한 유아를 위해서도 적절하게 적용될 수 있다. 이러한 부모 조사에는 가정에서 읽기와 쓰기 활동을 하는 동안 나타나는 유아와 부모의 행동에 대한 기록도 포함된다. 이러한 조사 결과는 유아의 초기 문식성 기술, 예를 들면 인쇄물 인식, 음운 인식, 언어 기술(Clay, 1979; Gardner, 1990; Notari-Syverson, O'Connor, & Vadasy, 1998)과 같은 문식성 기술을 평가하는 데 효과적으로 활용된다. 또한 부모 조사 결과는 형식적인 교육 현장 밖에서 제공되는 인쇄물의 유형과 소리와 문자의 관계에 대한 이해 활동 및 인식의 정도 등의 정보와 통찰력을 제공한다. 그러므로 이러한 정보는 가정에서 문식성의 기초를 쌓을 수 있는 개별적인 언어 문식성 프로그램을 계획하는 데 도움이 될 수 있다.

이 논문에 제시되어 있는 '가정 문식성 조사지'(〈표 1〉 참조)는 원래 만 3~6세 유아(장애 또는 비장애)의 가정 문식성 경험을 알아보기 위해 개발되었다(Marvin, 1994; Marvin & Gaffney, 1999; Marvin & Mirenda, 1993; Marvin & Wright, 1997). 이 연구를 위해 1,000 가족 이상이 참여하였으며, 영어를 모국어로 사용하지 않는 가정도 2% 정도 포함되었다. 조사의 결과를 종합해 보면, 장애유아의 문식성 경험이 비장애유아보다 낮은 것으로 나타났는데, 취학 전 장애유아 집단(3~6세, 헤드 스타트 프로그램에 참여하는)의 가정 문식성 경험과 중산층의 비장애유아 집단의 가정 문식성 경험 간에 통계적으로 유의한 차이가 있는 것으로 나타났다. 장애를 가진 유아의 집단 내에서 볼 때 단일 장애를 가진 유아가 중복 장애를 가진 유아보다 더 나은 문식성 경험을 하며, 특히 언어장애가 없는 경우에 문식성 경험이 좀 더 많은 것으로 나타났다.

가정 문식성 조사지

유아의 동기 유발 요소, 인지 능력, 사회성, 의사소통 능력, 자아개념 기술에 대한 정보를 수집하기 위하여, 교사는 유아의 문식성 기술에 대한 정보를 잘 파악할 필요가 있다. 가정 문식성 조사는 유아의 일상 환경에서의 문식성 능력을 이해하고, 학급 활동에서의 연계된 경험을 제공하는 데 유의하며, 교사와 유아 간의 상호작용, 가정방문 등을 위한 유용한 정보가 될 것이다.

〈표 1〉 가정 문식성 조사지

아동 성명: 날짜: 생년월일: 연령:

자녀의 관심과 능력을 생각하면서 다음에 제시한 문항에 답하여 주십시오. 모든 항목이 자녀와 본인 가정의 상황에 맞지 않을 수 있으니 그러한 문항은 제외하고 작성하십시오. 만 4~6세 유아의 경우에는 2~3세 유아에 비해 관심 영역과 능력이 더 많을 것입니다. 본인에게 그리고 본인의 자녀에게 해당하는 항목을 골라 체크(✓)해 주시기 바랍니다.

1. 귀하의 자녀가 좋아하는 것은 무엇입니까?
   - 책? ____________________
   - 영화/비디오? ____________________
   - 텔레비전 프로그램? ____________________
   - 동요나 자장가? ____________________
   - 손가락 놀이? ____________________
   - 필기구? ____________________

〈글 또는 인쇄 매체 이외의 활동〉

2. 자녀는 어떠한 방식으로 텔레비전 또는 비디오를 봅니까?
   _____ 혼자서
   _____ 다른 아동이나 성인들과 함께
   _____ 부모 혹은 다른 성인이 프로그램에 대해 설명하거나 코멘트하는 가운데

3. 다음에 제시한 활동 중에서 부모 또는 가족 구성원이 자녀를 위하여 적어도 일주일에 한 번 이상 활동을 하는 경우라면 다음 빈칸에 체크하시오(해당하는 모든 항목에 체크하시오).
   _____ 동요 부르기
   _____ 손가락 놀이하기('거미가 줄을 타고 올라갑니다'와 같은 노래에 맞추어 손가락을 움직이면서 하는 손가락 놀이)
   _____ 자장가, 시, 노래 등의 음운 따라 하기
   _____ 책 없이 이야기 들려주기
   _____ 알파벳과 같은 글자 노래 부르기
   _____ 동화 테이프 듣기
   _____ 같은 말로 끝나는 단어 찾기 놀이하기

_____ 의미 없는 말을 만들어서 외국어라고 가정하여 말하며 놀기
_____ 빨리 말하거나 느리게 말하면서 놀기
_____ 본인이 한 일이나 활동에 대해서 이야기하기
_____ 책, 비디오, 텔레비전 등에서 보거나 들은 내용을 부모에게 말로 전하기
_____ 자신의 이름의 머리글자를 상표나 광고, 표지판 등에서 찾기
_____ 자신의 이름이나 익숙한 단어의 철자 말하기

〈읽기 활동〉

4. 귀하 또는 다른 가족 구성원이 자녀에게 얼마나 자주 책을 소리 내어 읽어 줍니까(해당하는 항목 하나만 선택하시오)?
_____ 주 1회 이하
_____ 주 1~2회
_____ 거의 매일

5. 자녀에게 책을 읽어 줄 때, 자녀가 위치한 곳은 주로 어디입니까(가장 자주 위치하는 두 곳을 선택하시오)?
_____ 자녀의 특별한 의자
_____ 탁자
_____ 어른의 무릎
_____ 소파나 큰 의자 옆에 나란히
_____ 침대에 누워서
_____ 기타: ____________________

6. 자녀가 혼자서 얼마나 자주 책을 보거나 읽습니까?
_____ 혼자서는 전혀 읽거나 보지 않음
_____ 주 1회 이하
_____ 주 1~2회
_____ 거의 매일

7. 다음은 귀하 또는 다른 가족 구성원이 자녀에게 책을 읽어 주면서 하는 일에 관한 내용입니다(해당하는 모든 항목에 체크하시오).
_____ 책 표지의 제목을 읽어 준다.
_____ 자신의 말로 이야기를 재구성하여 들려준다.
_____ 책에 있는 내용을 그대로 읽어 준다.

_____ 책 페이지의 숫자를 가리키며 숫자를 읽어 준다.
_____ 그림을 가리키면서 명칭을 말한다.
_____ 유아에게 '책장을 넘겨 달라.'고 부탁한다.
_____ 책의 그림을 가리키면서 "이건 뭐지?"라고 묻는다.
_____ 책의 그림을 보면서 "○○가 어디 있지?"라고 묻는다.
_____ 책에 있는 단어를 찾아보라고 요구한다(예, "단어 '동물원'이 어디 있지?").
_____ 단어를 읽어 보라고 요구한다.
_____ 단어를 일부러 틀리게 읽고 유아가 발견하여 고쳐 말할 때까지 기다린다.
_____ 읽은 책 내용에 대해 유아에게 물어본다.
_____ 책을 어느 정도 읽고 나서 이후에 무슨 일이 일어날지에 대해 물어본다.
_____ 책에서 왜 그러한 일이 일어났는지 그 이유에 대해 물어본다.
_____ 책에서 일어난 일이나 주인공을 자녀의 상황과 연결해 보기를 요구한다.

8. 가정에서 책 읽는 활동을 할 때, 귀하의 자녀는 어떻게 참여합니까(해당하는 모든 항목에 체크하시오)?
_____ 혼자서 읽고 싶거나 읽어 주기를 원하는 책을 스스로 고른다.
_____ 책을 읽어 주면 조용히 듣고 있다.
_____ 책 제목을 읽는다.
_____ 책장을 넘긴다.
_____ 책 페이지의 숫자를 읽는다.
_____ 자신의 이름에 들어가는 글자를 책에서 찾는다.
_____ 책의 이야기가 끝나면 '끝'이라고 말한다.
_____ 책을 읽는 척한다.
_____ 그림을 가리킨다.
_____ 책 속의 그림을 가리키면서 사람이나 사물의 이름을 말한다.
_____ 책에 관한 질문을 하거나 책 내용에 관한 코멘트를 한다.
_____ 책을 읽는 도중이나 끝난 뒤에 귀하가 한 질문에 대해 답한다.
_____ 단어를 가리키면서 "이건 어떻게 읽어요?"라고 질문한다.
_____ 익숙한 낱말을 말하거나 가리킨다.
_____ 책장을 넘길 때 책 내용에 대해 다시 말한다.

_____ 다음에 무슨 내용이 나올지 예측한다.
_____ 기타: ________________________

9. 다음 중 적어도 한 달에 1회 이상 하는 활동은 무엇입니까(해당하는 모든 항목에 체크하시오)?
_____ 도서관 또는 이동 도서관 방문하기
_____ 서점 가기
_____ 비디오 대여점에 가서 대여하기
_____ 익숙한 전화번호를 눌러서 스스로 전화하기
_____ 슈퍼에서 자신이 좋아하는 과자를 고르기

10. 다음 중 어떠한 인쇄 매체를 귀하 및 자녀가 가정에서 보거나 사용합니까(해당하는 모든 항목에 체크하시오)?

성인이 읽음 (주에 한 번 정도)	유아가 흥미 있게 바라봄 (주에 한 번 정도)
_____ 잡지	_____
_____ 소설책 또는 성인용 책	_____
_____ 사전	_____
_____ 신문	_____
_____ 카탈로그	_____
_____ 광고 전단	_____
_____ 전화번호부	_____
_____ 편지	_____
_____ 텔레비전 가이드	_____
_____ 요리책 또는 기계 매뉴얼	_____
_____ 친구 또는 친척 사진	_____
_____ 가계부	_____
_____ 만화책	_____
_____ 아동 그림책	_____
_____ 동화책	_____
_____ 간단한 메모 쪽지	_____
_____ 카드 또는 생일 카드	_____
_____ 음식 상자 또는 로고	_____
_____ 시계	_____

_____ 옷에 새겨진 로고 _____
_____ 종이 등에 쓰인 자신의 이름 _____
_____ 기타: _________________________ _____

〈쓰기 활동〉

11. 귀하의 자녀는 가정에서 얼마나 자주 쓰거나 그리거나 또는 쓰는 흉내를 냅니까?
_____ 주 1회 이하
_____ 주 1~2회
_____ 거의 매일

12. 다음 중 어떤 쓰기 또는 그리기 자료를 귀하 및 자녀가 가정에서 보거나 사용합니까(해당하는 모든 항목에 체크하시오)?

성인이 사용함 (주에 한 번 정도) / 유아가 흥미 있게 바라봄 (주에 한 번 정도)

_____ 연필 또는 펜과 종이 _____
_____ 크레용 또는 매직펜 _____
_____ 붓과 물감 _____
_____ 분필 _____
_____ 컴퓨터 _____
_____ 타자기 _____
_____ 계산기 _____
_____ 글쓰기나 그리기 관련 장난감 _____
_____ 기타 쓰기 도구 _____

13. 가정에서 자녀와 함께 쓰기 또는 그리기 활동을 할 때, 귀하는 어떻게 합니까(해당하는 모든 항목에 체크하시오)?
_____ 그리기 또는 쓰기 도구를 손에 쥐어 준다.
_____ 손 위를 잡아 같이 그리거나 써 준다.
_____ 자녀가 쓰거나 그린 것에 대하여 코멘트한다.
_____ 조용히 곁에 앉아서 자녀가 쓰거나 그린 것을 바라본다.
_____ 자녀가 쓰거나 그리기 활동을 할 때 자녀를 혼자 두고 다른 일을 한다.
_____ 자녀에게 좀 더 쓰거나 그리라고 격려한다.

_____ 종이에 자녀의 이름을 적어 준다.
_____ 자녀에게 자신의 이름을 종이에 적어 보라고 격려한다.
_____ 자녀에게 쓰는 흉내를 내 보도록 격려한다.
_____ 자녀가 보고 따라서 쓰거나 그릴 수 있도록 글씨 또는 그림을 제공한다.
_____ 자녀의 질문에 대답한다.
_____ 자녀가 불러 주는 것을 받아 적어 준다.
_____ 글씨를 쓸 때, 철자를 하나하나 크게 부르면서 쓴다.
_____ 낱글자의 소리를 내 주고, 그 단어를 어떻게 쓰는지 자녀가 추측하여 쓸 수 있도록 격려한다.

14. 가정에서 자녀가 쓰기 또는 그리기 활동을 할 때, 귀하의 자녀는 어떻게 합니까(해당하는 모든 항목에 체크하시오)?
_____ 쓰기 또는 그리기 활동을 고른다.
_____ 종이에 그림을 그린다.
_____ 컴퓨터에 그림을 그린다.
_____ 글을 쓰거나 그리기 관련 장난감으로 놀이한다.
_____ 알파벳을 직접 쓰거나 키보드로 타이핑한다.
_____ 글자나 단어를 베껴 쓴다.
_____ 자신의 이름을 쓴다.
_____ 구불구불 낙서하면서 글을 쓰는 흉내를 낸다.
_____ 혼자서 단어를 쓴다.
_____ 컴퓨터를 이용하여 혼자서 단어를 타이핑한다.
_____ 단어나 문장을 다른 사람이 받아 적을 수 있도록 불러 준다.
_____ 생일과 같은 이벤트를 위해 포스터나 표지판 등을 만든다.

〈유아의 현재 능력〉

15. 다음 중 자녀의 현재 읽기 능력을 가장 잘 묘사한 항목은 무엇입니까(해당하는 모든 항목에 체크하시오)?
_____ 전혀 읽지 않는다.
_____ 읽는 흉내를 낸다.
_____ 알파벳을 알고 글에서 찾아낸다.
_____ 익숙한 5가지의 로고를 안다(예, 맥도날드, 코카콜라, 베스킨라빈스).

_____ 익숙한 단어를 읽는다(예, 비상구, 버스, 동네 전철역 명).
_____ 책에 나오는 단어를 10개 정도 읽는다.
_____ 25~50개 정도의 단어를 읽는다.
_____ 그림책의 문장을 읽는다.
_____ 그림이 없는 간단한 책을 읽는다.

16. 다음 중 자녀의 현재 쓰기 능력을 가장 잘 묘사한 항목은 무엇입니까(해당하는 모든 항목에 체크하시오)?
_____ 전혀 쓰거나 그리지 않는다.
_____ 알아볼 수 없는 형태의 그림을 그린다.
_____ 색칠하기 책에 크레용이나 매직펜으로 색을 칠한다.
_____ 사물이나 글자를 알아볼 수 있을 정도로 그리거나 쓴다.
_____ 거의 모든 알파벳을 쓴다.
_____ 이름을 쓰거나 베껴 쓴다.
_____ 간단하고 익숙한 단어를 쓰거나 베껴 쓴다.
_____ 간단한 문장을 쓴다.
_____ 간단한 이야기나 질문에 대한 답을 문장으로 쓴다.

Marvin의 가정 문식성 연구 조사로부터 채택된 '가정 문식성 조사지'는 원래 가정환경을 평가하기 위한 것은 아니다. 이 조사의 궁극적인 목적은 인쇄물에 대한 유아의 상호작용 수준을 파악하여 유아의 현재 수준을 알기 위한 것이며, 이러한 활동 조사지를 교육 프로그램에 포함시키는 것도 도움이 될 것이다. 활동 조사지에 제시된 내용은, ① 비인쇄물 활동(어른과 함께 텔레비전 보기, 노래 부르기, 음운 반복하기, 가정에서 성인과 함께 다양한 사건에 대해 말하기), ② 읽기 활동(어른과 함께 또는 혼자서 읽기), ③ 쓰기 활동(어른과 함께 또는 독립적으로 쓰기), ④ 현재의 읽기 및 쓰기 능력 등이 포함되어 있다.

교사는 3~6세의 유아를 위한 개별적인 교육 계획과 관련된 설계를 하기 전에 개별적으로 유아의 문식성 수준과 활동 내용을 알기 위해 '가정 문식성 조사지'를 사정 도구로 활용하면 좋을 것이다.

이러한 '가정 문식성 조사지'는 설문지 형태로 부모가 작성할 수 있고, 구조화된 면접 또는 토론 형식을 통해서도 작성될 수 있다. 예를 들어, 필요에 의해서(예, 모국어가 영어가 아닌 부모는 면접 형식이 편할 것임) 또한 선택에 의해서 교사는 유아의 읽기와 쓰기에 대한 흥미와 가정에서의 기회에 대하여 가족 구성원들과 토론하듯 대화하면서 작성할 수 있다. 개방형 형태로 질문할 수도 있는데, 예를 들면, "집에서 마리아가 책에 대해 흥미를 좀 보이나요? 이것에 대해 이야기 좀 해 주세요."라고 물어보면서 '+' 또는 '−'로 목록을 체크하면서 다음 질문을 유도할 수 있다. 이런 형식으로 목록을 작성하면 부모가 문항을 읽을 필요가 없어 편리하게 활용될 수 있다. 경우에 따라서 '가정 문식성 조사지'의 정보 수집은 단번에 끝내기 어려울 수 있다. 며칠 혹은 몇 주에 걸쳐 정보를 수집하는 것이 좀 더 적절하고 유익할 수 있다.

유아특수교사는 '가정 문식성 조사지'를 작성하기 위해 마리아의 가정을 두 차례 방문하였다. 마리아의 어머니와 아버지는 마리아가 혼자 책을 보고 읽는 것을 좋아하고, 그들도 마리아에게 읽어 줄 책을 가지고 있다고 교사에게 말하였다. 그들이 말한 책이란 마리아가 생일 때 받은 두 권의 책과 마리아의 오빠와 언니가 마리아를 위해(마리아가 읽을 수 있게 하거나 마리아에게 읽어 주기 위해) 학교 도서관에서 빌려 온 책을 말한다. 부모가 말하기를, 마리아가 혼자 스스로 책을 볼 때 그 책을 읽는 흉내를 내거나 그림을 보고 이야기를 만든다고 하였다. 마리아는 또한 부모가 쇼핑 목록, 해야 할 일 등을 적고 있을 때는 자신도 적게 해 달라고 요구한다고 보고하였다. 그래서 마리아의 부모는 마리아가 펜을 가지고 자신의 이름을 쓸 수 있도록 지도한다고 했는데, 아직 마리아는 낙서하는 수준이라고 하였다.

교사는 또한 관찰을 통해서도 정보를 수집할 수 있다. 가정방문 동안 교사는 가정에서 유아를 위해 마련한 인쇄물의 종류에는 무엇이 있는지 관찰하여 기록한다. 방문 동안 유아와 부모가 하는 다양한 활동, 즉 메모 쪽지를 만들고, 그림을 그리고, 동화책을 읽어 주는 활동을 지켜보면서 관찰을 통해 정보를 수집한다. 유아가 보편적으로 하거나 좋아하는 문식성 활동 등에 대해서도 대화를 통해 알아볼 수 있다.

유아특수교사는 조쉬의 가족의 동의하에 조쉬의 집과 유아원을 10월과 11월 동안 방문하였다. 이 교사는 조쉬의 집에 가족 잡지와 아동용 서적이 있으나 유아원에는 책이 전혀 없음을 알게 되었다. 그런데 조쉬는 책을 하나의 장난감으로 이용하고 있었다(예, 책을 한 줄로 가지런히 하여 자동차 도로로 활용함). 조쉬의 책 읽기 활동은 관찰되지 않았고, 그의 어머니와 보육교사가 보고하기를 조쉬는 스스로 책을 거의 보지 않을뿐더러 읽어 줄 것을 거의 요구하지 않는다는 것이다. 조쉬는 대신에 비디오를 좋아하고 몇 시간 동안 혼자 비디오를 보는 것을 좋아한다고 하였다. 조쉬는 집과 유아원에 크레용과 색칠하기 그림책을 가지고 있으며, 그림책에 낙서가 되어 있는 것이 관찰되었다. 유아원의 보육교사에게 유아용 서적이 왜 없느냐고 묻자, 단지 유아가 책을 찢을 것 같아 비치하지 않았다고 말하였다.

정보를 가지고 할 수 있는 것

'가정 문식성 조사지'의 전체 점수는 합산되지 않는다. 또한 점수에 대해 연령 기준에 맞는 규준이 있는 것도 아니다. 연령에 맞는 수준에 도달하기 위한 규준이 정해져 있는 것도 아니다. 그러나 일단 조사지가 작성되면 이 조사 결과는 유아의 관찰 결과 및 다른 평가의 결과와 종합하여 유아의 현재 경험과 능력을 파악하고, 유아에게 필요한 영역 등을 종합적으로 이해하고 계획하는 데 활용된다.

예를 들어, 문식성 수준이 너무 낮은 경우에는 그저 책을 장난감처럼 가지고 놀거나, 인쇄물과 사진이 주는 메시지를 인식하고, 이야기의 시작과 끝을 이해하고, 메시지를 전달하기 위해 쓰는 것(또는 자신의 이름 쓰기)과 같은 기본적이고 자연스러운 초기 문식성 기술을 포함한 프로그램을 필요로 할 것이다.

이러한 유아는 주변에서 일어난 최근의 사건에 대해 말하는 것도 효과적인 활동이 될 수 있다. 이전에 이러한 유형의 활동을 해 본 경험이 별로 없더라도, 기회가 많아지면서 점점 자연스럽게 촉진될 수 있다. 또한 가족과 보육교사는 유아와의 상호작용 방법이나 유형에 유아특수교사는 조쉬에게 이야기책을 읽는 동안 책을 잡고 있으라고 부탁하였다. 또한 교사는 조쉬에게 그림책을 주고 함께 앉아서 보면서 그림책 테이프를 들었다. 조쉬는 스스로 책장을 넘기는 것을 좋아했다. 교사는 보육교사가 다른 유아들과 함께 책 읽기 활동을 할 것을 제안하였으며, 문식성 관련 비디오를 제공하였다. 보육교사는 유아의 읽기에 대한 비디오를 흥미 있게 보았다. 조쉬의 부모는 조쉬가 점점 책에 관심을 갖게 되는 것을 인식하게 되었고, 부모는 그림책을 설명하고 읽어 주면서 조쉬를 이끄는 방법에 관하여 지도와 격려를 받았다. 부모는 최소한 주 1회 이상 책 읽기를 해 주게 되었고, 조쉬는 책장을 넘기면서 책 읽기에 흥미를 가지게 되었다.

관하여 전문가에게 지도를 받으면서 더욱더 좋은 촉진자가 될 수 있을 것이다.

그러나 책과 관련된 문식성 활동에 많은 시간을 보내는 것만이 반드시 유아의 문식성 발달에 적합한 것이라고 말할 수는 없다. 로고, 책, 크레용, 이야기 나누기, 있었던 일에 대해 이야기하기 등과 같은 다양한 경험은 훗날 문자, 소리, 단어에 대한 인식, 이야기 속의 등장인물과의 관계, 구어, 기록된 메시지의 인식과 같은 문식성 프로그램에서 좋은 결과를 가져오기 때문이다. 설령 유아가 문자나 단어 인식 기술이 조금 부족할지라도 좀 더 발전된 활동을 제시해 줄 필요가 있다. '가정 문식성 조사지'의 결과는 가정에서 문식성 경험을 충분히 제공하고 있는지에 대한 분명한 정보를 제공해 준다.

이러한 활동을 통해 마침내 어떤 유아는 음운을 따라 하거나 무의 마리아의 유아특수교사는 학교 도서관과 학급 자료실을 통해 매주 필요한 책을 대출하도록 부모에게 권장하였다. 유아특수교사는 가족이 도서관 카드를 자연스럽게 만들도록 하기 위해 의도적으로 지역 도서관에서 가족 모임을 하도록 계획하였다. 마리아의 교사는 교실의 한 코너에 쓰기 영역을 만들었다. 그녀는 몇 가지 종류의 종이(예, 줄이 있는 종이, 줄이 없는 종이, 공책)를 포함해서 다양한 종류의 필기구(예, 큰 연필, 크레용, 매직펜) 그리고 타자기도 가져다 놓았다. 소 그룹 활동으로 유아가 가족에게 '감사 카드' 등을 쓰는 활동을 계획하였다. 그룹 활동 시간에 어떤 유아는 쓰기 흉내를 내고, 또 어떤 유아는 교사가 쓴 단어를 베껴 쓰고, 또 다른 유아는 본인이 원하는 것을 불러 주고 보조교사가 받아 적도록 하였다. 감사 카드는 복사하여 학교에 보관하고 각자의 집으로 보냈다.

그다음에 마리아의 가족을 방문하였을 때, 마리아의 어머니는 마리아의 학급의 많은 유아들이 각자 다양한 방법으로 쓰기 활동에 참여하는 것이 놀라웠다고 말하였다. 마리아의 교사는 종이와 필기구를 교실에 배치하고, 최근에 다녀온 현장학습을 토대로 하여 모든 유아가 책 만들기 활동에 참여할 수 있도록 하였다. 교사는 마리아의 부모에게 어떻게 가정에서 도움을 줄 수 있는지에 대해 방법을 알려 주었다. 마리아가 책 첫 페이지에 그린 그림에 대해 이야기하고, 그것에 대해 마리아가 불러 주는 대로 어머니가 받아 적도록 하였다. 또한 마리아가 제목 페이지에 자신의 이름과 책 제목을 쓸 수 있도록 (혹은 그릴 수 있도록) 지도해 달라고 알려 주었다.

미한 어휘(nonsense words)를 만들 뿐만 아니라 이야기책을 즐겨 읽게 되고, 현재 또는 과거 사건에 대해 자연스럽게 이야기하게 될 것이다. 이러한 경험을 가진 유아는 이미 인쇄물의 활자를 인식할 수 있으며 그들 자신의 이름을 말하거나 쓸 수 있을 것이다. 또한 단어와 문장을 해석하는 읽기 활동과 같은 보다 높은 수준의 문식성 활동으로 자연스럽게 연결시킬 수 있다. 장애의 유무에 관계없이 이러한 가능성은 3~6세 유아 모두에게 있다. 그러나 이러한 발달을 위해서는 개별화된 관심과 지식 및 기술이 필요하다. 또한 개개의 가정은 그 가정 고유의 문식성 기술에 대한 흥미와 요구가 있을 수 있는데, 특히 영어가 모국어가 아닌 경우나 문화적인 전통을 고수하는 가족을 위해서는 개별적인 접근이 필요하다. '가정 문식성 조사지'는 이러한 가족의 선호를 알아보는 데도 활용된다.

교사는 '가정 문식성 조사지'를 통해 수집한 정보를 부모교육 시간에 부모와 함께 가정 문식성 프로그램을 구성하는 데 활용할 수도 있다. 교사는 부모에게 자녀가 책 또는 그림에 흥미가 있을 때 보여주는 단서를 해석하는 방법, 자녀에게 말로 설명해 주는 방법 등 성공적인 문식성 전략을 안내하고, 인지 또는 신체적 장애를 가진 유아를 위해 가정에서 할 수 있는 쓰기 활동에 대한 방법도 시범 보인다.

교사가 학교에서 교육 계획을 세울 때는 유아의 과거 문식성 경험 활동과 연계하거나 가정에서 유아가 보이는 읽기 및 쓰기에 대한 흥미 등을 고려하여야 한다. 그러므로 부모와의 연계가 무엇보다도 중요하다. 또한 학교에서 관찰된 유아의 문식성 활동의 일화와 스스로 읽기, 그리기, 쓰기 활동의 예(예, 비디오, 오디오, 종이 자료)를 시간이 지나도 볼 수 있도록 유아의 포트폴리오에 포함시켜 가족과 함께 지난 몇 달 동안 캐시의 부모와 유아특수교사는 '가정 문식성 조사지'를 함께 완성하고 이에 대한 토론 시간을 가졌다. 그리고 가족이 캐시를 무릎이나 의자에 앉히고 책을 함께 읽도록 하는 교수 목표를 세워 수행하였다. 또한 캐시가 가장 좋아하는 책과 그에 따른 오디오 테이프를 활용하여 캐시가 등장인물을 가리키고, 다음에 일어날 이야기에 대해 예측하는 기회를 주는 활동도 포함시켰다. 마침내 캐시는 혼자 이야기를 즐길 수 있게 되었고, 오디오 테이프에서 들은 이야기를 오빠와 공유하면서 즐길 수 있게 되었다.

공유할 수 있도록 한다. '가정 문식성 조사지'를 통해 교사와 가족은 문식성 활동의 중요성과 가족 참여의 의미를 함께 이야기할 수 있다. 부모가 가정 문식성 활동에 대해 좀 더 잘 인식하게 되면, 가정에서 일상생활 가운데 쉽게 문식성 활동을 할 수 있게 된다. 유아의 흥미와 능력에 대한 지속적인 토론과 '가정 문식성 조사지'를 재차 작성하는 가운데 교사와 부모는 문식성 활동의 중요성을 더욱더 잘 인식하게 되고 문식성 활동을 좀 더 잘 실시할 수 있게 된다.

요 약

교사는 유아의 초기 문식성 발달 프로그램을 계획하기 이전에 '가정 문식성 조사지'를 실시하고, 이를 통해 문식성 기술을 충분히 평가하여야 한다. 이 논문에서 제시한 '가정 문식성 조사지'는 유아의 문식성 기술과 가정에서의 인쇄 매체와 언어에 대한 경험을 전반적으로 평가하는 데 매우 유용한 도구라고 할 수 있다. 교사가 좀 더 좋은 정보를 많이 확보하고 있을수록 교사는 각각의 유아에게 적합한 중재와 교육적 프로그램을 설계할 수 있을 것이다. 또한 장애를 가지거나 발달이 지체된 유아를 위해서는 가정과 학교에서 제공하는 문식성 활동이 유아의 사회적 · 학문적 성공에 있어 중요한 단초가 된다는 사실을 명심해야 한다(Katims, 1991). 그리고 교사가 유아의 문식성 프로그램을 개발하고자 할 때, 유아의 가정에서의 문식성 경험에 대한 정보를 수집하는 것이 중요하다. 정확한 정보를 통해 교사는 가족에게 유아의 문식성 발달에 도움이 되는 지침을 제공할 수 있을 것이다.

주

PDF 파일로 된 '가정 문식성 조사지'는 주 저자인 Christine A. Marvin (cmarvin1@unl.edu)에게서 제공받을 수 있다.

참고문헌

Anderson, A., & Stokes, S. (1984). Social and institutional influences on the development and practice of literacy. In H. Goelman, A. Oberg & F. Smith (Eds.), *Awakening to literacy* (pp. 24-37). Exeter, NH: Heinernann Educational Books.

Auerbach, E. (1989). Toward a sociocultural approach to family literacy. *Harvard Educational Review, 59*, 165-181.

Brown, C. (1954). *My left foot*. London: Secker and Warburg.

Catts, H. (1991). Early identification of reading disabilities. *Topics in Language Disorders, 12*, 1-16.

Clay, M. (1979). *The early detection of reading difficulties: A diagnostic survey with recovery procedures* (3rd ed.). Portsmouth, Nl-I: Heinemann Educational Books.

Cochran-Smith, M. (1984). *The making of a reader.* Norwood, NJ: Ablex.

Dale, P., Crain-Thoreson, C., Notari-Syverson, A., & Cole, K. (1996). Parent-child book reading as an intervention for young children with language delays. *Topics in Early Childhood Special Education, 16*, 213-235.

Dickinson, D., & DeTemple, J. (1998). Putting parents in the picture: Maternal reports of preschoolers' literacy as a predictor of early reading. *Early Childhood Research Quarterly, 13*, 241-262.

Dickinson, D., & Tabors, P. (1991). Early literacy: Link ages between home, school, and literacy achievement at age five. *Journal of Research in Childhood Education, 6*, 30-44.

Gardner, M. (1990). *Expressive, one-word picture vocabulary test* (Rev.). Novato, CA: Academic Therapy Press.

Gillam, R., & Johnston, J. (1985). Development of print-awareness in language-disordered preschoolers. *Journal of Speech and Hearing Research, 28*, 521-526.

Heath, S. (1983). *Ways with words: Language, life, and work in communities and classrooms.* New York: Cambridge University Press.

Hemphill, L., & Snow, C. (1996). Language and literacy: Discontinuities and differences. In D. Olson & N. Torrance (Eds.), *The handbook of education and human development: New models of learning, teaching, and schooling* (pp. 173-201). Cambridge: Blackwell.

Hiebert, E., & Adams, C. (1987). Fathers' and mothers' perceptions of their preschool children' sernergent literacy. *Journal of Experimental Child Psychology, 44*, 25-37.

Katims, D. (1991). Emergent literacy in early childhood special education: Curriculum and instruction. *Topics in Early Childhood Special Education, 11*, 69-84.

Koppenhaver, D., Evans, D., & Yoder, D. (1991). Childhood reading and writing experiences of literate adults with severe speech and motor impairments. *Augmentative and Alternative Communication, 7*, 20-33.

Light, J., & Kelford-Smith, A. (1993). The horne literacy experiences of preschoolers who use augmentative communication systems and of their nondisabled peers. *Augmentative and Alternative Communication, 9*(1), 10-25.

Lonigan, C., & Whitehurst, G. (1999). Relative efficacy of parent and teacher involvement in a shared reading intervention for preschool children from low-income backgrounds. *Early Childhood Research Quarterly, 13*, 263-290.

Marvin, C. (1994). Home literacy experiences of preschool children with single and multiple disabilities. *Topics in Early Childhood Special Education, 14*, 436-454.

Marvin, C., & Gaffney, J. (1999). The effects of Reading Recovery on children's home literacy experiences. *Literacy, Teaching, and Learning, 4*, 51-80.

Marvin, C., & Mirenda, P. (1993). Home literacy experiences of preschoolers enrolled in Head Start and special education programs. *Journal of Early Intervention, 17*, 351-367.

Marvin, C., & Wright, D. (1997). Literacy socialization in the homes of preschool children. *Language, Speech, and Hearing Services in the Schools, 28*, 154-163.

Mason, J. (1980). When do children begin to read? An exploration of four-year old children's letter and word reading competencies. *Reading Research Quarterly, 15*, 203-227.

McCathren, R., & Allor, J. (2002). Using story books with preschool children: Enhancing language and emergent literacy. *Young Exceptional Children, 5*(4), 3-10.

Neuman, S., & Dickinson, D. (2001). *Handbook of early literacy research.* New York: Guilford.

Notari-Syverson, A., O'Connor, R., & Vadasy, P. (1998). *Ladders to literacy.* Baltimore: Paul H. Brookes.

Rush, K. (1999). Caregiver-child interactions and early literacy development of preschool children from low income environments. *Topics in Early Childhood Special Education, 19*, 3-14.

Rush, W. (1986). *Journey out of silence.* Lincoln, NE: Media Productions and Marketing.

Smith, M. (1992). Reading abilities of nonspeaking students: Two case studies. *Augmentative and Alternative Communication, 8*, 57-66.

Smith, M., & Dickinson, D. (2002). *Early language and literacy classroom observation(ELLCO).* Baltimore: Paul H. Brookes.

Snow, C., Barnes, W., Chandler, J., Goodman, I., & Hemphill, L. (1991). *Unfulfilled expectations: Home and school influences on literacy.* Cambridge: Harvard University Press.

Teale, W., & Sulzby, E. (1987). Access, mediation, and literacy acquisition in early childhood. In D. Wagner (Ed.), *The future of literacy in a changing world* (pp. 173-206). New York: Pergamon.

Teale, W., & Sulzby, E. (1989). *Emergent literacy: Young children learn to read and write.* Newark, DE: International Reading Association.

Watson, L., Orovitz, J., & Andrews, M. D. (1998, December 7). *Survey of preschoolers, emergent literacy environments and skills.* Paper presented at the International Conference of the Division for Early Childhood, Chicago. IL.

White, K. (1982). The relation between socioeconomic status and academic achievement. *Psychological Bulletin, 91*, 461-481.

영유아를 위한 문식성 도구

Joanne Knapp-Philo, Ph.D., California Institute on Human Services, Sonoma State University, Camarillo, CA
Angela Notari-Syverson, Ph.D., Washington Research Institute, Seattle, WA
Kimberly K. Stice, B.S., California Institute on Human Services, Sonoma State University, Camarillo, CA

루이사는 5개월 된 비키, 18개월 된 도미닉 그리고 2년 6개월 된 자스민의 보육교사다. 그녀는 무릎에 비키를 앉히고 마루에 앉아 도미닉이 자동차 장난감을 가지고 노는 것을 지켜보고 있다. 그는 엔진 소리를 흉내 내면서 "부르릉……."이라고 말했다. 도미닉은 자동차를 가지고 놀면서 다른 사람들이 이야기하는 것을 듣고 있다. 루이사는 도미닉에게 달리는 경주차를 보면서 "부릉부릉…… 도미닉이 차를 몰고 가네."라고 말하면서 반응했다. 그녀는 "이 소리가 도미닉이 아버지와 자동차 경주를 보러 갔을 때 나는 소리와 같니?"라고 물어봤다. 도미닉은 웃으면서 머리를 끄덕였다. 루이사도 따라 웃으면서 "너의 형 조도 장난감 자동차를 가지고 놀 때 그런 소리를 내더라." 라고 말했다. 도미닉은 크게 '부르릉' 소리를 내면서 자동차 경주 놀이를 계속했다.

루이사가 도미닉에게 반응할 때, 비키가 기쁘게 팔과 다리를 흔들면서 반응을 보였다. 루이사는 비키에게 기쁜 목소리로 음운을 활용하여 응답해 주었다. "우아! 우리 비키가…… 내 무릎에서 펄쩍거리고, 벌처럼 소리를 내고, 나무처럼 팔을 뻗고, 나를 즐겁게 하고……." 라고 노래하듯이 말해 주었다. 비키는 루이사가 웃고, 음운을 불러줄 때 그녀의 얼굴을 계속 바라보며 웃음으로 반응하고 팔을 흔들고 자신의 머리를 왼쪽, 오른쪽으로 기울였다.

자스민과 자스민의 어머니가 유아원에 들어왔을 때, 루이사는 아침 인사를 하며 그들을 맞았다. 자스민의 어머니는 손을 흔들면서 루이사에게 인사했다. 루이사도 "어서 오세요, 어머님 그리고 반갑다, 자스민. 오늘도 기분이 좋은가요?"라고 인사하였다. 자스민의 어머니는 알림장에 집에서 있었던 일을 간단히 적어서 루이사에게 건네주었다. 알림장에는 이렇게 쓰여 있다. '저는 지난밤에 알림장에 그간의 배변 훈련에 대해 몇 자 적어 봤어요. 배변 훈련으로 자스민의 발달을 촉진할 수 있게 되어 감사 드려요.'

자스민은 작별 인사로 어머니에게 뽀뽀를 하고 인사한 후에 인형 사진이 붙어 있는 자신의 사물함으로 향했다. 자스민은 자신의 사물함에 신발을 넣고, 사물함 속에 넣어 둔 아기 인형을 꺼내 들었다. 그러고는 루이사에게 급히 달려갔다. 루이사는 자스민을 안아 주고는 "알림장에 뭐가 써 있을까?"라고 말하며 알림장을 살펴보았다. 알림장에는 다음과 같이 적혀 있었다. '루이사 선생님께…… 선생님, 자스민이 어젯밤에 아무것도 먹지 않았어요. 지난주에도 자스민은 저녁에 치즈만 먹었어요. 자스민이 다른 것을 먹도록 노력하였지만 자스민이 원하지 않았어요. 점심때는 좀 더 잘 먹었으면 좋겠어요.' 루이사는 자스민에게 고개를 돌리며 말했다. "자스민, 너 치즈만 먹은 거야? 우리 자스민이 생쥐가 보다." 자스민은 웃으면서 "치즈 맛있어!"라고 말했다. 루이사는 일지를 다시 보았고, 자스민은 루이사가 알림장 노트에 적힌 글을 손가락으로 짚으며 또박또박 읽는 모습을 보았다. "자스민은 요즘 집에서 안경을 잘 쓰고 있어요. 유아원에서 안경을 쓰고 다니도록 돌봐 주셔서 감사해요." 루이사는 자스민을 보며 말했다. "안경 잘 쓰고 있구나. 잘 보려면 안경을 꼭 써야 해, 그렇지?" 자스민이 대답했다. "안경 써." 그리고 루이사를 보며 웃었다.

루이사는 알림장을 덮었다. 루이사와 자스민의 행동을 보면서 대화를 듣고 있던 도미닉이 알림장을 보려고 선생님 곁으로 왔다. "도미닉, 너 이거 보고 싶니? 그럼 이것보다 멋진 그림이 많이 있는 책을 찾으러 가자."라고 도미닉에게 말했다. 루이사와 도미닉은 책꽂이 근처에 왔다. 도미닉은 책을 꺼내서 루이사 곁에 앉으며 책장을 넘겼다. 도미닉은 새 그림을 가리키면서 "스으……."라고 루이사에게 말했다. "응, 새야, 푸른 새는 하늘 높~게 날아." 도미닉이 대답했다. "높~게!"

비키가 몸을 뒤척이면서 짜증을 내기 시작하자 루이사는 알아채고 기저귀 갈 것을 준비하였다. 루이사가 비키를 테이블로 옮기면서 깨끗해지는 것과 기저귀를 닦을 때의 기분 좋은 느낌에 대해 말해 주었다. 비키는 테이블로 옮길 때 손을 흔들었고 루이사가 기저귀를 갈아 줄 때 그녀의 얼굴을 빤히 쳐다봤다. "응, 그래, 어때? 기분 좋지?" 루이사가 말했다. 루이사는 그녀의 무릎에 비키를 올려놓고 비키의 차트에 기저귀를 갈아 준 것을 기록하였다. 비키는 루이사가 쓰는 것을 보았다. "지금이 몇 시지? 9시 30분에 비키의 기저귀가 젖어서 갈았구나." 차트에 쓰고 나서 루이사는 아이들에게 공원에 가서 함께 산책하자고 말했다. 비키는 자신의 사진과 이름이 붙은 사물함을 쳐다보면서 웃었다. 자스민은 사물함에서 자신의 신발을 꺼내 들고, 선생님이 도와주기를 기다렸다. 도미닉은 코트를 입고 달려 나갔다.

문식성은 단지 읽기와 쓰기로 이루어져 있는 것이 아니다. 이것은 많은 국면을 포함하고 있으며, 다양한 지식이 얽혀 있는 복잡한 절차를 의미한다(Freire & Macedo, 1987). 우리는 지식을 얻고, 생각을 표현하고, 경험한 것을 전달하기 위해 문식성을 사용한다.

영유아도 예외는 아니다. 영유아도 글자를 읽기 훨씬 이전부터 세상을 이해할 수 있게 해 주는 '정신적인 도구'를 사용할 줄 안다.

돌이 되기 훨씬 이전부터 영유아도 문식성 기능을 많이 사용하고, 다양한 문식성 도구를 통해 세상을 경험한다(Bodrova & Leong, 1996). 이러한 문식성 도구에는 노래, 그림, 음운, 사진, 카탈로그, 신문, 단어 놀이, 광고판, 달력, 영수증, 몸짓, 스티커, 그림책, 잡지, 까꿍 놀이, 그리기 및 쓰기 등 다양한 것들이 포함된다(Rosenkoetter & Barton, 2002).

앞의 사례에서 제시한 것처럼, 보육교사 루이사는 영유아의 문식성 발달을 위해 다양한 전략을 사용하였다. 일상생활에서 모형 장난감, 그림책, 공책, 시계, 기저귀 차트, 사진, 노래, 음운 등을 활용하였다. 우리는 영유아의 문식성 발달을 위해 일상의 환경에서 거의 모든 도구들을 활용할 수 있다. 냉장고에 붙어 있는 사진, 과자 상자의 로고, 상표 또는 옷의 디자인, 심지어 모래에 낙서하기 위한 막대기 등은 문식성을 위한 유용한 도구가 된다(Notari-Syverson, in press).

일반적으로 문화는 구어적 전통과 관련이 있다. 이야기, 음악, 사람의 행동, 글자 등도 문화와 관련이 있으며, 그림책, 표지판, 필기구도 문화를 반영한다. 영유아는 이렇게 다양한 문식성 도구를 통해 문화를 이해하게 되고, 다양한 문식성 활동을 경험하면서 훗날 형식적인 읽기와 쓰기를 위한 기초를 쌓는 데 중요한 기호를 인식하게 된다(Orellana & Hernandez, 1999).

문식성 구조

이 논문은 '문식성 구조'에 대해 기술하고 있다(Knapp-Philo et al., 2003a). 이 구조는 부모나 교사가 다양한 문식성 도구를 영유아에게 폭넓게 사용할 수 있도록 하기 위해 의도적으로 만들어졌다. 부모나 교사 등 주변 성인의 도움을 통하여 영유아는 문식성의 기초를 쌓아 가는 다양한 경험을 하게 된다. 문식성 구조는 다음의 여덟 가지 유형—① 관계 형성, ② 듣기와 말하기, ③ 글과 경험을 통한 세상의 발견, ④ 문식성의 가치에 대한 부모나 교사의 시범, ⑤ 의사소통을 위한 상징의 활용, ⑥ 음운, 리듬을 포함한 소리와 노래, ⑦ 쓰기, 그리기, ⑧ 책과 이야기를 통한 즐거운 경험—의 경험을 포함한다.

영유아의 학습에 다양한 국면이 있듯이, 이러한 유형은 각각 독자적이지 않고, 유형 간에 교차하는 것도 많다. 〈표 1〉은 각각의 유형과 활동이 어떻게 연결되어 있는지를 요약하여 보여 주고 있다.

〈표 1〉 문식성 구조에서의 도구

문식성 도구의 사용

관계의 형성
- 영아가 보이는 초기 의사소통의 양상에 즉각적인 반응을 보인다.
- 유아가 하는 행동에 대해 설명한다.
- 유아가 안정감을 느낄 수 있도록 일관된 반응을 보인다.

듣기와 말하기
- 영유아의 꼴깍거리는 소리, 투덜거리는 소리, 옹알거리는 소리, 몸짓 언어 등을 잘 듣는다.
- 유아가 행동이나 단어를 가지고 시도하는 초기 의사소통에 적극적으로 반응한다(예, "어머니에게 안아 달라고 하는 거구나.").
- 유아가 새로운 단어와 표현을 사용하도록 기회를 주고 격려해 준다.

글과 경험을 통한 세상의 발견
- 유아가 보고, 듣고, 만지고, 맛보면서 사물과 사람을 느낄 수 있는 경험을 제공한다.
- 새로운 것과 익숙한 것을 통합하여 제공하고 자주 반복하여 제시한다.

문식성의 가치에 대한 성인의 시범
- 유아에게 읽고 쓰기와 같은 문식성 활동이 가치가 있다는 것을 보여 준다.
- 읽기의 목적(예, "점심 주문할 것을 결정하기 위해 지금 메뉴를 보는 거란다.")과 쓰기 또는 컴퓨터로 자판을 쳐서 쓰는 것의 목적에 대해 설명한다.

의사소통을 위한 상징의 활용
- 사진, 그림, 표지, 잡지, 신문, 책, 달력, 식단표, 장난감, 인형, 표지판과 같은 다양한 상징에 대해 이야기하고 사용한다.
- 일상의 환경에서 사용되는 표지판의 의미를 설명한다(예, "이 표지판은 여자 화장실이라는 의미야.").

음운과 리듬을 포함한 소리와 노래
- 하나의 소리와 이를 약간 변화시키면서 유아와 함께 소리 게임을 한다.
- 함께 노래 부르고, 같은 음운의 단어와 소리를 가지고 놀거나, 자장가

를 부른다.

쓰기와 인쇄물의 경험

- 유아가 다양한 사물(예, 모래, 풀, 그림, 물, 쌀, 음식, 종이, 필기구)을 탐색하도록 기회를 제공한다.
- 목적이 있는 글을 쓰면서 글에 대해 설명한다(예, 쇼핑 목록 사용하기, 요리 순서가 적힌 레시피 사용하기).

책과 이야기를 통한 즐거운 경험

- 자신이나 가족 등에 대해 이야기한다. 책에서 읽은 것, 텔레비전 또는 영화에서 본 것을 이야기한다. 직장에서 일어난 일에 대해 이야기한다.
- 유아가 일상에서 접하게 되는 사물에 대해 상자의 글자를 '읽어 준다'(예, 시리얼 상자, 잡지).
- 책에 관하여 대화를 나눈다.
- 새로운 단어를 소개하고, 이전에 일어난 사건을 요약하고, 앞으로의 사건에 대해 예측하여 토론하며, 말을 정교하게 구성한다. 그리고 식사 시간에 대화하거나 책을 읽을 때도 이전의 경험과 연결하여 생각하도록 유아에게 권유한다.

관계의 형성

부모나 주 양육자는 문식성의 기초가 되는 유아의 초기 사회성, 인지력 및 언어 표현의 발달을 도와주는 중요한 역할을 한다.

"문식성은 영유아기부터 발달하는데 성인들이 유아의 문식성의 발달을 돕고, 다양한 언어를 사용하게 하고, 관련 지식을 정교화하고 확장하면서 진행되는 일련의 과정이다"(Strickland & Shanahan, 2004, p. 38).

주변의 성인이 영아기 초기에 영아가 보인 의사소통에 즉각적이고 일관되게 반응을 보여 줄 때, 영아는 안정적인 애착을 형성하고,

의도적인 의사소통을 시도하게 될 것이며, 자신이 한 행동이 세상에 영향력을 미치고 있다는 기대를 하게 될 것이다(Bornstein & Tamis-LeMonda, 1998; Bornstein, Tamis-LeMonda, & Baumwell, 2001; Yoder, Warren, McCathren, & Leew, 1998). 성인의 반응은 언어적일 수도 있고(예, 유아가 내는 소리를 말로 표현함), 비언어적일 수도 있는데(예, 유아의 표현, 몸짓, 미소, 표정을 보고 그대로 따라 함), 이는 문화에 따라 특성이 다를 수 있다. 유아의 발달은 성인의 반응이 유아의 발달 수준과 잘 맞을 때 가장 잘 이루어진다(DeLoache & Mendoza, 1987). 한 예로, 영유아의 성장과 발달에 맞추어 성인이 그보다 약간 더 수준 높은 정보를 제공하면서 말하고, 유아가 점차 성장하게 되면 이에 따라 질문의 양과 수준을 높여 나가는 것 등을 의미한다. 또한 유아의 발달 수준을 파악하여 유아가 사용하는 언어나 음운 인식에 대해 예측하면서 약간 높은 단계로 넘어갈 수 있도록 비계를 설정하는 전략(scaffolding) 등을 의미한다(Silven, Niemi, & Voeten, 2002).

부모나 주 양육자와 안정된 관계를 형성한 영유아는 그림책 읽기와 같은 문식성 활동에 좀 더 원활하게 참여할 수 있게 된다(Bus & van Ijzendoorn, 1995; Bus, Belsky, van Ijzendoorn, & Crnic, 1997). 또한 좀 더 반응적인 성향의 양육자의 경우에는 영유아와 함께 문식성 관련 활동에 많은 시간을 할애하게 되는데, 이를 통해 영유아의 음운 인식 능력도 향상된다(Lonigan, Dyer, & Anthony, 1996; Silven et al., 2002).

장애를 가지고 있는 영유아를 위해서 부모나 교사는 좀 더 반응적이고 일관된 양상을 보이는 것이 무엇보다도 중요하다(Knapp-Philo et al., 2003a). 장애유아들 중에는 말을 못하거나 의사 표현 능력이 떨어져서 영유아가 보이는 의사소통의 단서가 모호하거나 비일관적일 수 있다. 그러므로 주변의 성인은 적시에 적절한 방법으로 반응하기 위해 유아의 특성을 잘 파악하여 그에 맞추어 주는 것이 필요하다. 앞서 제시한 사례와 같이, 루이사 선생님은 다양한 방법으로 각각의 유아에게 필요한 비계의 효과와 반응에 대해 보여 주었다. 루이사는 자신의 반에 있는 3명의 유아들과 밀접하고 긍정적인 관계를 형성하고 있음을 알 수 있었다. 루이사는 도미닉의 자동차에 대해 몸을 들썩거리면서 좋아하는 비키에 대해 반응해 주었고, 누구나 즐길 수 있는 음운을 사용하여 비키가 보인 반응을 즐겁게 표현하였다. 루이사는 자스민이 치즈만 먹었다고 했을 때, 자스민에게 "쥐가 아니니?"라고 하면서 농담을 함께 공유하였다. 또한 자스민의 어머니가 자스민을 두고 집으로 돌아갈 때 그녀가 안정감을 느끼고 쉽게 전환할 수 있도록 자스민의 어머니가 자스민에 대해 쓴 글을 읽어 주면서 그녀를 감싸 주었다. 그리고 그녀는 도미닉이 알림장에 대해 흥미를 보이자 그의 흥미를 알아채고 반응하였다. 루이사는 그가 흥미를 느낄 수 있는 적절한 책을 골라서 상냥하게 읽어 주었다. 루이사는 각각의 유아의 현재 발달 수준에 맞추어 반응하고, 유아를 깊이 이해하고 있으며, 각각의 유아와 친밀한 관계를 맺고 있음을 알 수 있다.

듣기와 말하기

유아는 성인을 통해서 듣고, 자신이 경험한 것을 묘사하는 단어를 배우면서 세상에 대해 알아간다. 유아에게 말을 건네고, 유아의 말을 경청하는 것 그리고 유아가 다양한 어휘와 표현을 사용하도록 북돋워 주는 것은 유아의 언어 발달에 있어서 필수적이다(Hart & Risley, 1995). 영유아가 표현하는 것을 듣고 반응하여 줌으로써 영유아는 계속적으로 의사소통을 시도할 것이다. 4세 이전에 가정에서 이야기를 듣고 말한 경험이 많은 유아일수록 훗날 학교에 들어가서 읽기를 배울 때 더 높은 흥미를 보이고, 학습에 좋은 결과를 가져온다는 연구가 있다(Wells, 1985). 어휘의 발달(예, 단어의 의미를 아는 것)은 다른 사람들이 그 어휘를 사용하는 것을 들었던 경험, 그 어휘를 이해할 수 있는 활동에 참여한 경험과 관계가 높다. 어휘 경험의 정도가 이후 읽기의 성패를 좌우하기 때문에 어휘 발달은 언어 발달에 있어 중요한 요소가 된다(Dickinson, McCabe, Anastasopoulos, Peisner-Feinberg, & Poe, 2003). Silven과 그의 동료들(2002)은 초기 어휘 수준(예, 1세 수준)으로 3세의 음운 인식 능력(예, 음운과 초기 소리를 이해하는 것)을 예측할 수 있다고 하였다.

루이사 선생님은 도미닉이 아버지와 자동차 경주장에 간 것을 회상시키면서 어휘를 확장시켜 말하였다. 그리고 도미닉이 형 조에게 배워 그 소리에 대해 알고 있다는 것을 알았기 때문에, 도미닉이 '부르릉' 소리를 낼 때까지 반응을 기다렸다가 어휘를 확장시켰다. 루이사는 하늘 높이 나는 새를 말하면서 다시 어휘를 확장시켰다. 그녀는 비키가 보여 준 행동(비언어적 의사소통)을 읽고 알아채서 기저귀를 갈아 줌으로써 반응해 주었다. 비키의 행동은 의미 없는 것일 수도 있으나 시간이 지나면서 루이사는 비키가 보인 행동을 읽고, 알아차리며, 반응할 수 있게 된다. 또한 루이사는 비키에게 말을 통해 그녀의 생각을 설명한다(예, "응, 나도 안단다. 이제 기분 좋지?").

장애를 가진 영유아도 비장애 영유아와 마찬가지로 다른 사람들과의 관계 형성, 듣고 말하는 다양한 기회를 통해 발달을 경험한다(Knapp-Philo et al., 2003a). 장애를 가진 영유아의 의사 표현이 쉽게 이해되지 않더라도 부모나 교사는 그것이 의미하는 바를 알기 위한 적극적인 노력이 필요하고, 그들의 의사 표현에 즉각적으로 반응해야 한다. 말에 어려움이 있는 유아의 경우라면 성장함에 따라 손짓 언어, PECS(그림 의사소통 체계), 말을 위한 대체 의사소통 시스템의 도입이 필요하다. 이러한 방법을 활용하게 되면 말을 사용하기 이전에도 유아와 성인이 주고받는 의사소통의 기회가 많아지고, 어휘의 발달, 그들의 생각과 감정을 표현하는 것이 원활해질 수 있다.

글과 경험을 통한 세상의 발견

유아는 새로운 경험을 접하고, 이러한 경험을 통해 새로운 뇌신경을 연결해 가면서 복잡한 세상을 이해하고 발달하게 된다(Shore, 1997). 보고 듣고 만지고 냄새를 맡고 맛보면서 사물을 느끼는 것과 그 물건을 무엇에 쓰는 것인지, 어떻게 사용하는지, 그리고 그 사물이나 사람은 또 어떻게 다른지를 경험하면서 세상을 이해하게 된다(예, 장난감 자동차와 블록의 차이, 풍선과 공의 차이, 어머니와 낯선 사람의 차이)(Barton & Brophy-Herb, in press). 영유아는 일상 활동 중에 인지, 언어, 사회-정서적 발달 영역을 포함하는 총체적인 발달과 함께 문식성을 발달시킬 수 있다(Burns, Griffin, & Snow, 1999).

유아의 배경지식은 성공적인 읽기 능력에 있어 핵심적인 요인이 된다(Anderson & Pearson, 1984; Bransford & Johnson, 1972). 장애를 가진 유아에게는 특히 이 점을 더 잘 고려해야 한다(Knapp-Philo et al., 2003a). 예를 들어, 활발히 기어 다니면서 사람과 사물을 탐색하는 비장애유아와 비교해 볼 때, 장애유아는 즐겁게 탐색하면서 경험할 기회가 현저하게 부족할 수도 있다. 특히, 자주 아픈 유아도 이러한 경험을 거의 하지 못하기 쉽다.

다양한 이유로 인하여, 장애를 가진 영유아는 부모와 함께 가게에 가거나 형제의 축구 경기를 보러 가는 일이 어려울 수 있다. 다양한 지역사회 환경에의 접근의 어려움으로 인하여, 유아는 정보를 얻거나, 다양한 환경에서 만나는 사람을 통해 새로운 어휘를 배우는 기회를 거의 갖지 못할 수 있다. 감각에 장애가 있는 유아의 경우, 그것을 일찍 발견하지 못하여 적절한 시기에 필요한 지원을 받지 못하여 발달에 어려움을 겪게 되기도 한다. 영유아는 발달에 있어 중요한 시기다. 그러므로 부모나 교사는 장애를 가진 영유아에게 매일 폭넓고 다양한 경험을 제공해 주기 위해 노력해야 하고, 이러한 기회를 자주 반복해서 제공해야 하며, 영유아가 반복하여 편안하게 배울 수 있도록 지원해 주어야 한다.

루이사 선생님은 유아의 언어와 문식성 발달을 돕기 위해 일상의 경험을 유아원에서 제공하였다. 또한 유아가 다양한 지역사회 환경에서 경험할 수 있는 기회도 풍부하게 제공하였다. 근처 공원이나 동네 산책하기, 상점 가기 등 친숙한 곳을 방문하는 활동을 통해 유아는 새로운 단어와 개념을 확장할 수 있다. 또한 이러한 지역사회 환경에서는 항상 새로운 것과 새로운 일들이 발생할 수 있다(예, 지나가는 강아지, 날아가는 새, 비행기, 쓰레기를 휴지통에 던져 넣기, 가을 이 되어 색깔이 변한 단풍잎).

문식성의 가치에 대한 성인의 시범

양육자는 시범을 보이고, 격려하고, 활동에 대한 의미를 알려 주고, 안내를 제공하며, 다양한 전략을 활용하여 유아가 새로운 경험을 통합하도록 다양하게 도움을 줄 수 있다(Klein, 1996; Rogoff, 1993). 하지만 이러한 전략은 유아의 흥미와 발달 수준에 맞아야 한다. 이 중에서도 시범(modeling)은 특히 효과가 크며, 유아의 문식성 발달에 가장 많은 영향을 주는 요인은 문식성 활동을 위한 부모의 참여다(Snow, 1993). 문식성의 가치, 읽기와 쓰기의 즐거움을 유아가 스스로 느끼도록 해 주는 것이 무엇보다도 중요하다(Paratore, Melzi, & Krol-Sinclair, 1999). 그러기 위하여 가족 구성원들은 가정의 환경을 문식성 발달과 연결하여 구성할 필요가 있다. 환경과 유아의 언어 능력 사이에는 중요한 상관관계가 있기 때문이다(Beals, DeTemple, & Dickinson, 1994; Snow, 1993). 가족 구성원들은 읽기, 쓰기, 컴퓨터 사용 등을 유아에게 시범 보이고, 그것을 사용하는 목적에 대해서도 설명해 주어야 한다(예, "점심 주문할 것을 결정하기 위해 메뉴판을 읽는 거란다." "이모의 새로운 전화번호를 기록해 두어야 다음에 전화를 할 수 있단다." "할아버지께 너의 생일 사진을 보내 드리면 할아버지는 네가 생일에 무엇을 했는지 알 수 있을 거야.")(Notari-Syverson, in press).

앞의 사례에서 제시한 바와 같이, 루이사 선생님과 자스민의 어머니는 알림장에 쓴 것에 대해 이야기를 나누었고, 자스민의 어머니가 돌아간 뒤에도 자스민과 함께 알림장에 쓰인 내용을 읽고 이야기하였다. 자스민은 이러한 과정을 통하여 어머니가 써 놓은 글에는 의미가 있다는 사실을 이해하게 되고, 이러한 글이 사람들에게 중요하다는 사실을 깨닫게 된다. 자스민은 루이사가 알림장의 글을 손가락으로 가리키면서 읽는 것을 지켜본다. 루이사는 자스민에게 글자를 읽어 주면서 자스민이 먹은 음식과 먹지 않은 음식에 대한 이야기를 나눈다. 이러한 경험을 통해 자스민은 글이라는 것이 지난 사건에 대해 회상하게 하고 정보를 제공한다는 사실을 알게 된다.

장애를 가진 유아들 중에는 좀 더 구체적이고 분명한 시범이 요구되는 경우도 있다. 예를 들면, "우리가 가게에서 사야 할 것이 무엇인지 적고 있어. 내가 적은 목록을 보여 줄까?" 라고 말하고, 함께 가게에 갔을 때 그 목록을 다시 보여 준다. 이렇게 누적된 경험은 인쇄물의 경험을 강화시키는 기회가 될 것이다. "우리가 가게에서 사야 할 것을 적었었지? 그럼 그 목록을 함께 보자. 우리가 사야 할 것을 모두 샀는지 보자. 그럼 가격을 지불하고…… 모두 샀는지 목록을 보고 확인해 보자. 우유는 샀나? 빵도 샀나?"

의사소통을 위한 상징의 활용

문식성은 의미를 지닌 상징을 의사소통에 사용하는 것과 관련이 있다. 상징은 사물, 단어, 몸짓, 소리 등을 대신하는 이미지를 가지고 있다. 자신의 문화권에서 사용되는 상징을 이해하고 해석하는 것이 유아의 발달과제다(DeLoache, 1997). 유아가 점차 그것을 해석하고 상징에 대한 사용 능력을 획득하면서(예, 장난감 트럭은 실제 트력을 나타냄) 그림의 표현을 이해할 수 있게 된다(예, "이것이 어머니를 그린 그림이구나.")(Snow, Burns, & Griffin, 1998). 상징이 좀 더 복잡해지면서 유아는 물건, 생각, 기분 등을 나타내기 위해 언어, 몸짓, 그래픽 상징 등을 좀 더 정교하게 사용하게 된다. 그리고 말하기와 쓰기 등의 규칙을 이해하게 되고, 세련된 의사소통 체계를 활용하기 시작한다(Wetherby, Warren, & Reichle, 1998).

유아는 문식성을 쌓기 위해 초기의 상징적 활동을 사용한다(Dyson, 1988). 그러므로 부모와 교사는 다양한 도구과 방법을 활용하여 유아에게 여러 가지 유형의 상징을 제공해 주는 것이 중요하다. 다양한 상징과 문식성 도구에는 사진, 그림, 표시, 잡지, 신문, 책, 달력, 메뉴판, 장난감, 작은 인형, 모형 등이 있고, 그리기를 위한 재료에는 모래, 직물, 손가락 페인트, 펜이 포함되며, 이러한 재료를 가정과 유아원에 비치할 필요가 있다.

이러한 재료들은 다양한 환경에서 자연스럽게 이용할 수 있어야 한다(예, 블록 놀이할 때, 연극 놀이할 때, 식사할 때, 화장실에서, 밖에서뿐만 아니라 책을 볼 때, 미술 시간 등에). 루이사 선생님은 비키의 이름과 사진을 비키의 물건이 보관된 사물함에 함께 붙여서 상징과 의미를 연결할 수 있도록 하였다.

상징은 인지와 정서의 발달에도 중요한 역할을 한다(Notari-Syverson, in press). 유아가 항상 가지고 다니는 담요나 곰 인형은 아동의 정서적인 의미를 나타내며, 이러한 물건은 부모와의 분리불안을 극복하는 데 도움을 주고, 독립심을 키워 주는 유용한 도구가 될 수 있다. 예를 들어, 루이사는 자스민의 어머니가 쓴 알림장을 자스민의 정서적인 안정을 위해 활용했는데, 어머니가 집으로 돌아간 후에 그녀를 편하게 해 주기 위해 활용한 것이다.

또한 상징은 정보를 제공한다. 루이사는 알림장을 통해 자스민이 집에서 치즈만 먹는다는 사실을 알게 되었다. 이렇듯 글이나 그림은 그것이 의미하는 바를 알려 준다. 그러므로 그림으로 되어 있는 것의 의미를 이해할 수 있도록 유아를 지원하는 것이 중요하다(예, "이 표시는 여자 화장실이라는 것을 알려 주는 거야."). 루이사는 또한 비키의 기저귀를 바꿀 시간을 보고 체크리스트에 표시하면서 비키에게 시간의 의미도 알려 주었다.

인지적 또는 감각적 문제를 지닌 유아의 경우, 상징의 이해를 발달시키기 위해 보다 긴 시간이 필요할 수 있다. 그러므로 의도적인 계획을 세우고 기간을 연장하여 유아를 참여시킬 필요가 있다. 상징과 그것을 대표하는 사물 사이의 연관성을 이해하도록 돕기 위해 다양한 종류의 상징을 사용하는 것이 효과적이다. 그리고 새로운 경험을 제공할 경우에는 친숙한 것과 함께 제공하는 것이 중요하다. 유아는 거울, 학급에 있는 유아의 사진, 유아가 가지고 있는 사물로 만든 촉각 책 등을 통해 상징의 의미를 배우게 된다.

소리(음운, 음률 그리고 노래)

음소를 구별하는 능력과 취학 후 읽기 수행 사이에는 강한 상관관계가 있다고 한다(Ehri & Wilce, 1980; Shankweiler, Crain, Katz, & Fowler, 1995). 대부분의 영아는 아주 어릴 때부터 주변 사람들에게 자신의 의사를 표현하기 위해 소리를 만들어 낸다. 아기가 울음소리를 내거나 옹알이를 하면, 어머니는 아기와 눈을 맞추고, 만져 주고,

안아 주는 등의 행동으로 응하면서 초기의 '대화'를 이어 나간다. 이러한 소리 놀이는 음운학적 인지 발달의 시작이라 할 수 있다(Griffin, in press). 그리고 노래와 활동을 함께하는 초기 언어 놀이는 미래의 문식성 기술 발달을 도와주는 중요한 도구가 된다. 노래 부르기, 말놀이, 자장가 후렴구 등은 음운학적 감각 또는 소리의 민감성 발달에 도움이 된다. 단어나 소리 게임을 하면서, 영유아는 단어가 개별적인 소리로 연결되어 구성되어 있다는 것을 알게 되는데, 소리나 단어가 변하여 의미가 달라진다는 것을 알 수 있다(예, 'Row, row, row, your boat'라는 노래를 'Bow, bow, bow your coat'로 바꿔 부를 수 있다).

루이사 선생님은 비키와 음운이 있는 노래를 부르고 이것을 동작으로 표현하였다. 예를 들어, '하늘 높~게 나는 새'를 말로 표현할 때 유아가 기억하기 쉽도록 즐겁게 과장된 말로 하면서 동작을 곁들였다. 부모나 교사는 아기의 옹알이를 흉내 내고, 새로운 단어를 알려 주고, 노래와 자장가를 불러 주고, 유아가 혼자 노래를 부를 수 있도록 격려하고, 단어를 가지고 놀도록 격려하며, 소리를 첨가하거나 변화시키고, 말도 안 되는 웃기는 단어를 만들어 내도록 격려하는 등 다양한 방법으로 유아의 문식성을 신장시켜 줄 수 있다(Knapp-Philo et al., 2003b).

노래와 음악은 특히 장애를 가지고 있는 유아에게 사용하기에 매우 효과적인 도구라 할 수 있다(Kimura, in press). 노래와 음악은 유아에게 즐거움을 선사하고, 발성과 박자를 연습할 수 있는 기회를 주는 것은 물론 어휘 발달에도 많은 도움이 된다. Kimura의 연구에서도 보고되었듯이, 청각에 손상을 가진 유아는 악기와 음악을 통해

진동과 비트의 주기적인 반복을 경험할 수 있고, 시각장애 유아도 안전한 환경이 제공된다면 음악에 맞추어 노래와 춤을 출 수도 있을 것이다. 감각에 손상을 입은 영유아에게는 복잡한 노래보다는 부드러운 음악이나 안정감을 주는 노래가 더 좋을 것이라고 Kimura는 제안하였다.

쓰기와 인쇄물의 경험

유아는 시간이 지나 인쇄물이 의미하는 바를 알아 가면서 문식성 능력을 발달시킨다. 영아기에는 사물을 탐색하는 것으로 감각운동 지각이 발달되고, 걸음마기가 되면 손가락을 활용하는 것으로 감각운동 지각 능력이 발달된다. 예를 들어, 펜으로 종이에 그리기, 모래 위에 손가락으로 그림 그리기, 음식 위에 손가락으로 선 긋기와 같은 행동을 한다. 영유아는 종이를 구기거나 찢거나 펜을 가지고 종이를 내리치기도 하고, 우연히 펜을 움직여 종이 위에 펜 자국을 남기기도 한다. 그러면서 점차 크레용, 펜, 붓을 잡는 방법에 대해 알게 된다. 필기구를 접하게 되는 유아는 종이에 낙서하고, 점을 찍고 줄과 원을 그리며, 점점 간단한 숫자나 글자도 그릴 수 있게 된다(Dyson, 2000; Ferreiro & Teberosky, 1982). 약 30개월 된 유아는 인쇄물을 이용하고 쓰기에 대한 것을 이해하기 시작하는데, 이 시기에는 엉터리로 그리기는 하지만 '쇼핑 목록 만들기' '해야 할 일 적기'와 같은 가상 놀이를 즐기기도 한다(Neuman & Roskos, 1992). 그리고 대부분 3세 유아들은 노란 아치 모양(M)을 보고, 맥도날드 패스트푸드점이라는 것을 알게 될 것이다(Snow et al., 1998).

Vukelich(1991)는 풍부한 문식성 환경과 부모나 교사의 중재가 유아의 쓰기 지식을 향상시켜 줄 수 있다고 하였다. 부모나 교사가 쇼핑 목록을 작성하고, 쇼핑 목록에 있는 것을 사고, 이를 반복적으로 사용하는 것을 유아가 관찰하면서 인쇄물의 기능과 힘을 알게 된다(Clay, 1966). 또한 유아는 성인의 안내를 받으면서 상표, 표지판, 상징 그리고 다양한 문식성 도구를 사용하는 것을 배우게 되면서 인쇄물에 대한 이해가 높아지고 문식성이 효과적으로 발달된다(Neuman & Roskos, 1992; Vukelich, 1994).

또한 유아가 그림 도구를 초기에 경험함으로써 원하는 의미를 표현하기 위해 그림 상징을 사용한다는 것을 이해할 수 있게 된다(Dyson, 2000). 성인들은 유아가 모형 그림, 쓰기, 색칠하기 등을 탐색하고 스스로 알 수 있도록 격려해야 한다. 루이사 선생님은 기저귀 가는 시간을 차트에 기록하고, 자신이 쓰는 것이 무엇인지 비키에게 말해 주면서 비키의 주의를 끈다. 또한 자스민에게는 자스민의 어머니가 적은 알림장의 내용을 손가락으로 줄을 따라 읽어 주면서 자스민이 단어가 의미하는 것을 볼 수 있도록 한다. 이러한 활동을 통해 알림장에 적힌 내용이 자신에 대한 것임을 자스민은 알 수 있게 된다.

부모나 교사는 유아의 문식성 인식 능력을 미리 짐작하거나 수준을 판단해서는 안 된다. 장애를 가진 유아에게도 장애가 없는 유아와 같이 풍부한 문식성 환경과 자료를 제공하여 상호작용할 수 있는 기회를 주어야 한다. 유아의 의사소통에 있어서 인쇄물과 그림의 상징은 중요한 수단이 될 것이다(예, 사진 또는 다른 상징 시스템을 활용하는 보완·대체 의사소통 체계). 장애를 가진 유아에게 인쇄물을 제공할 때는, ① 시각적으로 복잡하지 않은 간단한 책 선택하기, ② 구분을 분명히 하기 위해 짙은 펜을 사용한 윤곽 그림 활용하기, ③ 그림이나 글씨를 확대하거나 확대경 활용하기, ④ 천 또는 펠트나 입체적인 인쇄물을 활용하여 촉각적인 정보를 함께 제공하기(Lilly & Green, 2004; Pierce & McWilliam, 1993)와 같은 방법을 고려한다.

책과 이야기를 통한 즐거운 경험

과거에도 연장자들은 세상에서 통용되는 방법에 대한 정보를 알려 주기 위해 후손들과 이야기를 공유하였다. 우리는 할머니, 할아버지, 부모님이 들려준 이야기에 대한 좋은 추억을 누구나 하나쯤은 갖고 있을 것이다. 이러한 활동은 강한 정서적 유대감을 형성하고, 즐거움, 감탄 그리고 안정감을 선사하기도 한다(Bus, van Ijzendoorn, & Pellegrini, 1995). 유아기 초기에 성인과 함께 그림책을 읽은 경험은 문식성 발달에 도움을 주며, 미래에 필요한 읽기 기술의 발달을 도와준다. 또한 성인에 의해 협력적으로 제공되는 이러한 경험은 학습, 동기 유발 및 자아 개념에도 중요한 영향을 미친다(DeLoache & Mendoza, 1987; Justice & Kaderavek, 2002).

유아에게 이야기를 소리 내어 읽어 주는 활동은 유아로 하여금 단어 지식을 쌓고, 인쇄물의 의미를 이해하며, 문자와 단어를 인식하는 것과 같은 독립적인 읽기에 있어서 필수적인 기초 활동이다(Adams, 1990; Senechal, LeFevre, Thomas, & Daley, 1998). 또한 책을 읽어 주는 방식이 아니라 성인과 유아가 함께 책을 보면서 대화에 참여하는 대화적 읽기(dialogic reading) 방법은 유아의 언어 발달을 돕는 데 매우 효과적이다(Lonigan & Whitehurst, 1998). 그 밖에도 그냥 책만 읽어 주는 것이 아니라, 책을 읽으면서 부모나 교사가 새로운 단어를 소개하고, 이야기책의 이전 사건을 요약하고, 다음 내용을 예측하고, 함께 토론하며, 경험에 대한 내용을 열거하도록 하는 것과 같은 활동은 읽기에 좋은 영향을 미치게 된다(Beals et al., 1994).

이야기와 책을 공유하는 활동으로 인해 미치게 되는 정서적인 영향 또한 간과해서는 안 된다(Child Care Action Campaign, 2001). 이미 언급한 바와 같이, 유아는 일상 활동을 통해 초기 문식성 활동의 가치를 알게 된다(Paratore, Melzi, & Krol-Sinclair, 1999). 아기와 함께 책을 공유할 때 많은 긍정적인 이점이 있는 것은 사실이지만 책 읽는 활동만이 반드시 최고는 아니며, 그러한 상황이 안 되는 가정도 있을 것이다. 예를 들어, 양육자가 문해력이 낮아 읽기가 서툰 경우라면, 책 읽기 활동이 아니라 함께 이야기를 나누거나 시리얼 상자를 읽거나 잡지를 보면서 자연스럽게 문식성 기술의 발달을 도울 수 있다. 이러한 활동은 읽기에 어려움이 있는 가정의 경우에도 편안한 활동이 될 수 있으며, 성인과 유아 모두 긍정적인 문식성 경험을 공유할 수 있을 것이다. 시간이 지나면서 양육자는 유아의 문식성을 지지해 주는 자신의 능력에 좀 더 자신감을 얻게 될 것이고, 그림책을 공유하면서 자신감이 좀 더 향상될 수 있다. 전문가들은 부모의 읽기 능력을 고려하여 문식성 활동을 할 수 있도록 지원해야 한다. 특히, 부모 스스로 하는 다양한 문식성 활동이 얼마나 가치로운 것인지 터득할 수 있게 해 주며, 다양한 문식성 매체를 활용하여 유아의 문식성을 도울 수 있도록 지원해 주어야 한다(Knapp-Philo et al., 2004).

루이사 선생님은 자스민이 먹지 않는 음식에 대한 이야기, 안경을 쓰는 것을 상기시키는 이야기를 함께 나눌 때도 어머니가 써 준 알림장을 이용하였다. 도미닉이 책을 가지고 싶어 할 때, 루이사는 책을 건네 주었고, 관심 있는 그림을 함께 보면서 도미닉이 책에 주목할 수 있도록 도와주었다.

기존의 연구에 의하면 장애를 가진 유아의 경우 또래의 비장애유아에 비하여 문식성과 관련된 기회를 제공받은 경험이 상대적으로 낮은 것으로 나타났다(Marvin, 1994; Marvin & Mirenda, 1993). Coleman-Pierce(1991)가 보고하기를, 교사는 장애를 가진 2~3세 유아들이 아직 책이나 크레용을 사용할 만한 수준이 아니라고 보고, 이야기책 읽기 활동에 참여시키지 않는다는 문제점을 거론하였다. 그러나 장애를 가지고 있더라도 이러한 문식성의 기회는 유아기에 있어서 매우 중요한 활동이며 가족과 교사가 가능한 한 자주 영유아들과 이야기를 나누며 문식성 활동에 참여할 수 있도록 격려하여야 한다. 모든 유아는 독특한 요구가 있다. 손을 잘 쓸 수 없는 경우라면, 손으로 붙잡지 않고도 책을 읽을 수 있는 도구를 제공해야 한다(Pierce, in press). 시각에 손상을 입은 유아에게는 부모나 교사의 읽는 과정을 말로 표현해 주는 것이 효과적일 것이다(예, "내가 지금 책장을 넘길 건데, 네가 좀 도와주겠니? 우리 함께 넘겨 보자!").

결 론

문식성 구조는 유아는 물론 중재를 도와주는 부모나 교사들을 위한 유용한 도구가 된다(Knapp-Philo et al., 2003b). 이 문식성 구조는 체계적이고 계획적이므로 성인과 유아의 상호작용에 도움이 되고, 유아를 위한 다양한 변화, 다양한 초기 언어를 제공하는 데 도움을 주며, 문식성 기회를 제공하는 실제적인 상황과 쉽게 연결시킬 수 있도록 도움을 준다. 마지막으로, 문식성 도구는 일상의 활동과 연계되어야 하며, 유아는 물론 성인에게도 즐거운 경험을 제공해 줄 수 있어야 한다.

주

Joanne Knapp-Philo: Joanne.Knapp-Philo@csuci.edu

참고문헌

Adams, M. J. (1990). *Beginning to read: Thinking and learning about print.* Cambridge: MIT Press.

Anderson, R. C., & Pearson, P. D. (1984). Aschema-thematic view of basic processes in reading comprehension. In P. D. Pearson, R. Barr, M. L. Kamil & P. Mosenthal (Eds.), *Handbook of reading research* (pp. 255-291). New York: Longman.

Barton, L. R., & Brophy-Herb, H. E. (in press). The developing child from birth to three years: Foundations for language and literacy. In

S. E. Rosenkoetter & J. Knapp-Philo (Eds.), *Learning to read the world: Language and literacy in the first three years.* Washington, DC: Zero to Three Press.

Beals, D. E., DeTemple, J. M., & Dickinson, D. K. (1994). Talking and listening that support early literacy development of children from low-income families. In D. K. Dickinson (Ed.), *Bridges to literacy: Children, families, and schools* (pp. 19-40). Cambridge: Blackwell Publishers.

Bodrova, E., & Leong, D. (1996). *Tools of the mind: The Vygotskian approach to early childhood education.* Englewood Cliffs, NJ: Prentice Hall.

Bornstein, M. H., & Tamis-LeMonda, C. S. (1989). Habituation and maternal encouragement of attention in infancy as predictors of toddler language, play, and representational competence. *Child Development, 60*, 738-751.

Bornstein, M. H., Tamis-LeMonda, C. S., & Baumwell, L. (2001). Maternal responsiveness and children's achievement of language milestones. *Child Development, 72*, 748-767.

Bransford, J. D., & Johnson, M. K. (1972). Contextual prerequisites for understanding: Some investigations of comprehension and recall. *Journal of Verbal Learning and Verbal Behavior, 11*, 717-726.

Burns, S., Griffin, P., & Snow, C. (Eds.) (1999). *Preventing reading difficulties in young children.* Washington, DC: National Academy Press.

Bus, A., & van Ijzendoorn, M. (1995). Mothers reading to their 3-year olds: The role of mother-child attachment security in becoming literate. *Reading Research Quarterly, 30*, 998-1015.

Bus, A., Belsky, J., van Ijzendoorn, M., & Crnic, K. (1997). Attachment and bookreading patterns: A study of mothers, fathers, and their toddlers. *Early Childhood Research Quarterly, 12*, 81-98.

Bus, A. G., van Ijzendoorn, M. H., & Pellegrini, A. D. (1995). Joint book reading makes for success in learning to read: A meta-analysis on intergenerational transmission of literacy. *Review of Educational Research, 65*, 1-21.

Child Care Action Campaign (2001). *Talk, reach, read.* New York: Author.

Clay, D. M. (1966). *Emergent reading behavior.* Auckland, New Zealand: University of Auckland Library.

Coleman-Pierce, P. (1991). *Literacy lost: A qualitative analysis of early literacy opportunities for children with severe speech and physical impairments.* Chapel Hill. NC: University of North Carolina.

DeLoache, J. (1997). Shrinking trolls and expanding minds: How very young children learn to understand and use symbols. *Zero to Three, 17*(3), 10-16.

DeLoache, J. S., & Mendoza, O. (1987). Joint picture book interactions of mothers and 1-year old children. *British Journal of Developmental Psychology, 5*, 111-123.

Dickinson, D., McCabe, A., Anastasopoulos, L., Peisner-Feinberg, E., & Poe, M. (2003). The comprehensive language approach to early literacy: The interrelationships among vocabulary, phonological sensitivity, and print knowledge among preschool-aged children. *Journal of Educational Psychology, 95*, 465-481.

Dyson, A. H. (2000). Writing and children's symbolic repertoires: Development unhinged. In S. B. Neuman & D. K. Dickinson (Eds.), *Handbook of early literacy research* (pp. 126-141). New York: Guilford.

Dyson, A. H. (1988). Appreciate the drawing and dictating of young children. *Young Children, 43*(3), 25-32.

Ehri, L. C., & Wilce, L. S. (1980). The influence of orthography on readers' conceptualization of the phonemic structure of words. *Applied Psychlinguistics, 1*, 371-385.

Ferreiro, E., & Teberosky, A. (1982). *Literacy before schooling.* Exeter, NH: Heinemann.

Freire, P., & Macedo, D. (1987). *Literacy: Reading the word and reading the world.* Westport, CT: Bergin & Garvey.

Griffin, A. (in press). Phonology: Form in language and literacy. In S. E. Rosenkoetter & J. Knapp-Philo (Eds.), *Learning to read the world: Language and literacy in the first three years.* Washington, DC: Zero to Three Press.

Hart, B., & Risley, T. (1995). *Meaningful differences in the everyday experience of young American children.* Baltimore: Paul H. Brookes.

Justice, L., & Kaderavek, J. (2002). Using shared storybook reading to promote emergent literacy. *Teaching Exceptional Children, 34*(4), 8-13.

Kimura, L. (in press). Music: The great organizer for early language and literacy. In S. E. Rosenkoetter & J. Knapp-Philo (Eds.), *Learning to read the world: Language and literacy in the first three years.* Washington, DC: Zero to Three Press.

Klein, P. S. (1996). *Early intervention: Cross-cultural experiences with a mediational approach.* New York: Garland Publishing.

Knapp-Philo, J., Stice, K., Cole, K., Lim, Y. S., Notari-Syverson, A., Rosenkoetter, S., Saceda, R., Turbiville, V., & Zukoski, A. (2003a). *Story QUEST 1: Celebrating beginning language and literacy.* Camarillo, CA: California Institute on Human Services, Sonoma State University.

Knapp-Philo, J., Stice, K., Cole. K., Lim, Y. S., Notari-Syverson, A., Rosenkoetter, S., & Zukoski, A. (2003b). *Story QUEST 2: Celebrating beginning language and literacy. Catnarillo,* CA: California

Institute on Human Services, Sonoma State University.

Knapp-Philo, J., Stice, K., Lim, Y, S., Notari-Syverson, A., Turbiville, V., & Zukoski, A. (2004). *Storoy QLJEST 3: Celebrating beginning language and literacy.* Camarillo, CA: California Institute on Human Services, Sonoma State University.

Lilly, E., & Green, C. (2004). *Developing partnerships with families through children's literature.* Upper Saddle River, NJ: Pearson/ Prentice-Hall.

Lonigan, C. J., Dyer, S. M., & Anthony, J. L. (1996, April). *The influence of the home literacy environment on the development of literacy skills in children from diverse racial and economic backgrounds.* Paper presented at the Annual Convention of the American Educational Research Association, New York, NY.

Lonigan, C. J., & Whitehurst, G. J. (1998). Relative efficacy of parent and teacher involvement in a shared-reading intervention for preschool children from low-income backgrounds. *Early Childhood Research Quarterly, 13*, 263-292.

Marvin, C. (1994). Home literacy experiences of children with single and multiple disabilities. *Topics in Early Childhood Special Education, 14*, 436-454.

Marvin, C., & Mirenda, P. (1993). Horne literacy experiences of preschoolers enrolled in Head Start and in special education programs. *Journal of Early Intervention, 17*, 351-367.

Neuman, S., & Roskos, K. (1992). Literacy objects as cultural tools: Effects on children's literacy behaviors in play. *Reading Research Quarterly, 27*, 203-225.

Notari-Syverson, A. (in press). Everyday tools of literacy. In S. E. Rosenkoetter & J. Knapp-Philo (Eds.), *Learning to read the world. Language and literacy in the first three years.* Washington, DC:

Zero to Three Press.

Orellana, M., & Hernandez, A. (1999). Talking the walk: Children reading urban environmental print. *The Reading Teacher, 52*, 612–619.

Paratore, J., Melzi, G., & Krol-Sinclair, B. (1999). *What can we expect of family literacy? Experiences of Latino children whose parents participated in an intergenerational literacy project.* Newark. DE: International Reading Association.

Pierce, P. (in press). Learning to read: High expectations for language and literacy with infants and toddlers with significant disabilities. In S. E. Rosenkoetter & J. Knapp-Philo (Eds.), *Learning to read the world: Language and literacy in the first three years.* Washington, DC: Zero to Three Press.

Pierce, P., & McWilliam, P. (1993). Emerging literacy and young children with severe speech and physical impairments: Issues and possible intervention strategies. *Topics in Language Disorders, 13*(2), 47–57.

Rogoff, B. (1993). Children's guided participation and participatory appropriation in socio-cultural activity. In R. H. Wozniak & K. W. Fischer (Eds.), *Development in context: Acting and thinking in specific environments* (pp. 121–153). Hillsdale, NJ: Lawrence Erlbaum.

Rosenkoetter. S., & Barton, L. (2002). Bridges to literacy: Early routines that promote later school success. *Zero to Three, 22*(4), 33–38.

Senechal, M., LeFevre, J., Thomas, E., & Daley, K. E. (1998). Differential effects of home literacy experiences on the development of oral and written language. *Reading Research Quarterly, 13*, 96–116.

Shankweiler, D., Crain, S., Katz, L., & Fowler, A. E. (1995). Cognitive profiles of reading-disabled children: Comparison of language skills in phonology, morphology, and syntax. *Psychological Science,*

6(3), 149–156.

Shore, R. (1997). *Rethinking the brain: New insights into early development.* Washington, DC: Family and Work Institute.

Silven, M., Niemi, P., & Voeten, M. J. (2002). Do maternal interaction and early language predict phonological awareness in 3-to 4-year olds? *Cognitive Development, 17*, 1133–1155.

Snow, C. E. (1993). Families as social contexts for literacy development. *New Directions for Child Development, 61*, 11–24.

Snow, C., Burns, S., & Griffin, P. (1998). *Preventing reading difficulties in young children.* Washington, DC: National Academy Press.

Strickland, D. S., & Shanahan, T. (2004). Laying the groundwork for literacy. *Educational Leadership, 61*(6), 74–77.

Vukelich, C. (1994). Effects of play interventions on young children's reading of environmental print. *Early Childhood Research Quarterly, 9*, 153–170.

Vukelich, C. (1991). Materials and modeling: Promoting literacy during play. In J. F. Christie (Ed.), *Play and early literacy development* (pp. 215–231). Albany, NY: State University of New York Press.

Wells, C. G. (1985). Preschool literacy-related activities and success in school. In D. Olson, M. Torrance & A. Hildyard (Eds.), *Literacy, language, and learning* (pp. 18–35). London: Cambridge University Press.

Wetherby, A., Warren, S., & Reichle, J. (1998). *Transitions in prelinguistic communication.* Baltimore: Paul H. Brookes.

Yoder, P., Warren, S., McCathren, R., & Leew, S. (1998). Does adult responsitivity to child behavior facilitate communication development? In A. Wetherby, S. Warren, & J. Reichle (Eds.), *Transitions in prelinguistic communication* (pp. 39–58). Baltimore: Paul H. Brookes.

유아 학급에서의 초기 문식성 지원을 위한 실제적 전략

Mary Louise Hemmeter, Ph.D.
Jeanette McCollum, Ph.D.
Wu-Ying Hsieh, Ph.D.
University of Illinois at Urbana Champaign

Valley View 초등학교 교사 질리언의 유아부 학급에는 장애를 가진 3명의 유아를 포함하여 18명의 유아가 있다. 이 지역의 교육청은 초등학교 입학 전 유아원 프로그램으로 초기 문식성을 강조하고 있다. 교사 질리언은 이미 '창의성 커리큘럼'이라는 교육과정을 현재 사용하고 있기 때문에 문식성 교육과정을 이에 맞추어 적용하기를 원하지 않는다. 그러나 그녀는 학급의 일상 활동과 수업 중에 유아의 초기 문식성을 기르기 위해 활용할 수 있는 전략에 대해 적극적으로 알고 싶어 한다.

글자로 쓰인 상징을 생각하고 이해하는 문식성 능력의 발달은 학교에 입학하기 훨씬 전부터 시작된다(Bowman, Donovan, & Burns, 2001; Lyon, 2002). 최근 들어 초기 문식성에 대한 관심이 높아지고 있으며, 유아가 성장하면서 인쇄물의 기능을 이해하고, 책을 좋아하게 되는 과정을 통해 어떻게 문식성을 발달시켜 나가는지에 관한 관심의 폭도 넓어지고 있다. 초기 문식성을 위해 유아가 습득해야 하는 기술과 필요한 환경 그리고 이러한 기술의 발달을 지지해 주는 전략 등이 현재 많이 알려져 있다(IRA/NAEYC, 1998). 위험군(at-risk) 유아에 속하여 읽기 발달에 어려움이 예상되는 경우라 하더라도 효과적인 교수를 통해 성공적으로 문식성을 발전시켜 갈 수 있다.

이 논문을 통해, ① 취학 전에 유아에게 제시되어야 하는 초기 문식성 기술, ② 초기 문식성 기술을 가르치기 위한 전략, ③ 학급의 일상 활동에서 전략을 활용하는 실용적인 방법이 제시될 것이다.

초기 문식성 기술이란 무엇인가

초기 문식성이란 읽기에 대한 준비를 의미하는 것이 아니다. 오히려 하나의 발달 과정으로 다른 발달과 함께 조화를 이루며 발전해 나가는 연속적인 과정의 개념이다(Notari-Syverson, O'Connor, & Vadasy, 1998). 초기 문식성은 기술, 지식, 자세 등 읽기와 쓰기의 기초가 되는 모든 것을 포함한다(Burns, Griffin, & Snow, 1999). 문식성 전문가들은 초기 문식성과 관계가 있는 요인에 대한 결과를 도출해 냈다(예, Neuman, Copple, & Bredekamp, 2000; Snow, Burns, & Griffin, 1998; USDOE, 2001; Whitehurst & Lonigan, 2001). 이러한 결과의 종합적인 안내는 〈표 1〉에 제시되어 있다.

장애를 가진 유아의 경우 초기 문식성 발달에 어려움이 있을 수

〈표 1〉 초기 문식성의 성과

- 언어와 인쇄물에 대한 흥미와 선호
- 인쇄물의 이해와 의미
  - 어휘력
  - 개념적 지식
  - 이해와 묘사, 설명, 이야기 연결과 같은 이야기체 형태의 사용
  - 듣기, 말하기, 설명하기와 질문하기를 포함한 문식성 사건에 언어를 활용
- 음운학적 인식: 듣고 인식하고 말소리 형태를 조정하는 능력
  - 음소 인식: 단어는 소리 또는 음소의 연결 및 구분을 인지하는 것
  - 음향학: 특정 글자에 해당하는 소리의 이해
- 낱글자 원리: 특정 글자를 이해하고 특정 소리로 나타내는 것

있고, 그 자체가 또 하나의 장애가 될 수 있다. 예를 들어, 비록 다양한 인쇄 매체를 가정에서 이용 가능하다고 할지라도, 장애를 가진 유아는 또래에 비해 기초적인 문식성 활동에 참여할 기회가 현저히 낮다(Marvin & Wright, 1997). 왜냐하면, 반드시 달성해야 할 다른 우선적인 목표들이 많이 있기 때문에 문식성은 우선순위에서 쉽게 밀려난다(예, 유아의 건강, 걷기, 말하기)(Light & Kelford-Smith, 1993; Marvin, 1995).

지금까지 유아특수교육 분야에서도 초기 문식성 영역은 높은 우선순위에 있지 않았다. 왜냐하면, 우선적으로 유아의 전발적인 발달에 초점을 맞추었기 때문이다. 그러나 현재 초기 문식성 관련 연구는 초기 문식성 기술과 전반적인 발달 사이에 높은 상관관계를 보이고 있어 그 중요성이 새롭게 강조되기 시작하였다(예, National

Reading Panel, 2000). IDEA에 포함된 일반적인 교육과정의 접근 원리도 초기 문식성과 훗날의 읽기 사이에 강한 상관관계가 있다는 연구 결과를 반영하고 있다. 또한 비장애 유아는 물론 장애를 가진 모든 유아의 교육에서 초기 문식성은 중요한 역할을 한다는 점도 강조하고 있다.

초기 문식성 기술의 발달을 위한 중재 관련 연구에서 문식성 기술은 중재를 통해 발달될 수 있음이 보고되었다(National Reading Panel, 2000). 또한 초기 문식성 기술을 통하여 유아는 훗날 읽기를 배울 수 있게 된다(Whitehurst & Lonigan, 2001). 많은 주에서는 조기 교육 기준을 구성할 때, 초기 문식성의 성과 수준과 언어 영역의 지표를 연결시켜 만들었다(예, 문맥의 이해, 음운학적 기술, 인쇄물 인식). 유아특수교사는 장애를 가진 유아에게도 특별히 계획된 문식성의 기회를 제공하는 것이 필요하다는 것을 최근 들어서야 인식하게 되었다(Snow et al., 1998). 처음 문식성의 중요성을 알게 된 교사들은 '발달적으로 적합한 교육과정' 내에서 어떻게 문식성 영역을 포함할 수 있는지에 대한 질문을 한다. 초기 문식성에 대해 최근 들어 관심을 갖기 시작하였기 때문에, 많은 교사들은 아직 유아의 발달과 더불어 문식성의 기회를 지원할 수 있는 실제적인 방법을 계획하는 것에 대해 잘 알지 못하는 경우가 있다.

초기 문식성 지원을 위한 전체적인 맥락

교사를 도울 수 있는 가장 좋은 접근 방법은 초기 문식성에 대한 교육과정을 적용하도록 하는 것이다. 이 논문의 서론 부분에 제시된 사례의 유아 학급 교사 질리언에 의하면 학급에서 사용하고 있는 현재의 교육과정 내에 특별한 문식성 교수 전략이 포함되기를 원한다. 이를 위해 우선 교사는 학급 환경, 활동, 일과, 연습 활동, 상호작용에 대해 조사하고, 유아의 문식성 학습과 관련된 많은 활동을 포함시켜 재조정하는 작업이 필요하다. 이러한 접근 방법의 핵심은 다양한 양상의 문식성 지원을 위한 여러 형태의 환경 재구성이다. 또한 문식성 활동을 계획하는 데 있어서 초기 문식성의 성과, 교수 전략, 학습 기회의 증가와 같은 측면을 고려하여야 한다.

환경 설계

문식성의 지원을 위하여 책, 인쇄물, 필기구 등을 사용 가능하도록 전략적으로 물리적 환경을 구성한다. 교실 곳곳에 책을 비치하되 적절한 장소에 두는 것이 중요하다. 예를 들어, 곤충과 관련한 책은 과학 영역에 두고, 판타지 책은 극놀이 영역에 배치한다. 유아에게 의미 있는 다양한 인쇄물을 교실 곳곳에 부착하여 유아의 눈에 잘 띄게 해야 한다(예, 사물함에 이름 써넣기, 선반에 분류 목록 표시하기, 그림으로 제시한 시간표 부착하기, 그림과 단어를 함께 써서 만든 학급 규칙 걸어 두기). 또한 학급에 적절한 필기구를 비치하여야 한다(예, 봉투, 우표, 펜, 연필, 극놀이 영역에서의 우체국 활동 교구). 소리와 음운에 도움이 되는 책도 준비한다.

사회적 환경도 초기 문식성 학습에 도움이 되도록 구성할 수 있다. 유아가 또래나 교사와 함께하거나 혹은 스스로 할 수 있는 문식성 활동에 참여할 수 있는 기회를 보장해 주기 위한 일과를 계획해야 한다. 사회적 환경은 대그룹, 소그룹을 막론하고 교사가 이끄는 어떠한 활동에도 포함될 수 있다(예, 이야기 나누기 시간, 음운 게임 놀이, 책 만들기). 또한 일대일 상황에서 책을 보면서 성인과 함께 상호작용하는 활동도 포함시키며(예, 함께 책 읽기, 유아가 말한 내용 받아 적기), 문식성 활동에 친구와 함께 참여하는 기회도 제공한다(예, 함께 책 보기, 편지 쓰기, 레스토랑 가상 놀이에서 주문하기, 학급 표지판 만들기, 가장 좋아하는 장난감 또는 활동을 위한 목록 만들기, 이야기 구성하기). 더불어 책과 필기구와 같은 문식성 자료를 활용하여 유아 스스로 할 수 있는 독립적인 참여의 기회도 제공한다.

계획된 활동과 교수 전략의 활용

문식성을 지원하는 일상 활동을 계획할 경우, 적어도 세 가지 영역—① 이해력, 대화, 어휘력, ② 음운학적 인식(언어에서의 소리적 요소의 인식), 낱글자의 원리, ③ 인쇄물에 대한 인식(Hanline, 2001; Neuman & Roskos, 1992)—의 초기 문식성의 성과를 염두에 둬야 한다. 〈표 2〉에는 각각의 세 가지 영역에서 교사가 활용할 수 있는 교수 전략을 요약하여 제시하였다. 유아의 성과와 목록화된 교수 전략은 선행 연구에 기초한 것이다(예, National Reading Panel, 2000). 다양한 기술이 논리적으로 초기 문식성의 다양한 형태로 어떻게 조직되어 있는지 알고, 어떻게 각각의 전략이 통합되는지를 이해하는 것이 중요하다.

사실 이러한 능력을 키워 주는 전략은 서로 교차되는 부분이 많

〈표 2〉 초기 문식성 단계별 교수 전략과 유아의 성과

교수 전략	유아의 성과
기술 세트 1: 이해력, 대화, 책 읽는 동안의 어휘력	
• 책의 목차에 대해 소개하기 • 책의 물리적 특성에 대해 말하기 • 흥미 유지하기 • 생각을 촉진하는 질문하기 • 유아가 가진 정보를 확장할 수 있도록 의견 제공하기 • 유아가 이야기 또는 책을 복습하게 하기 • 이야기를 놀이, 활동 경험과 관련시키기	• 책과 읽기의 즐거움 • 지식을 줄 수 있는 책에 대해 알게 됨 • 이야기의 주요 개념과 이야기의 이해 • 지식과 어휘력의 확장 • 대화로서의 이야기 구조 이해 • 이야기가 아닌(nonstory) 논픽션 책과 인쇄물의 목적에 대해 알게 됨 • 삶의 경험과 관련짓기(책은 정보를 주고, 책은 삶에 관한 것이다.)
기술 세트 2: 음운학적 인식(언어의 소리), 낱글자 원리	
• 연령에 적절한 활동을 통해 소리와 글자의 특성 강조하기 • 소리와 단어의 특성을 설명하고 강조하기 • 소리와 단어의 특성을 인식할 수 있도록 유아에게 요구하기(시범을 보이거나 선택하게 하면서) • 소리와 단어의 특성을 설명하도록 유아에게 요구하기	• 소리와 단어에 대한 호기심의 유발과 즐거움을 가지게 됨 • 단어가 각각 다른 소리들로 구성되어 있다는 것을 이해하게 됨 • 소리가 모여 단어를 이룬다는 것을 이해하게 됨 • 단어의 다양한 위치를 나타내는 소리를 이해하게 됨(처음, 중간, 끝) • 첫소리 또는 끝소리에 기초하여 범주화하는 단어를 이해하게 됨 • 문자가 소리를 나타낸다는 것을 이해하게 됨 • 문자를 인식하게 됨
기술 세트 3: 인쇄물 개념	
• 유아가 명백하게 생각을 표현하기 위한 방법으로서 인쇄물 사용하기 • 그림 혹은 사물과 인쇄물과 관련된 것 사이의 관계를 지적하기	• 인쇄물과 그 의미 사이의 관계를 이해하게 됨 • 글쓰기의 즐거움을 알게 됨 • 글쓰기로 생각을 전달할 수 있음을

• 놀이에서 쓰기의 사용 북돋워 주기 • 인쇄물에 관련된 약속 알려 주기 • 글쓰기 도구 사용 방법을 시범 보이고 설명하기 • 쓰기 및 읽기와 관련된 단어 사용하기	이해하게 됨 • 글쓰기가 다양한 목적으로 사용되는 것을 이해하게 됨 • 글쓰기에 대한 기초적인 개념을 이해하게 됨(왼쪽/오른쪽, 위/아래) • 글쓰기 도구를 사용하는 기회를 갖게 됨

다. 예를 들어, 유아가 자동적으로 책을 읽는 것은 기술 1과 3 모두에 포함된다. 〈표 2〉의 목록도 초기 문식성의 중요한 영역을 모두 포함하지는 않는다는 사실을 기억해야 한다. 예컨대, 미래의 읽기 및 쓰기 또한 중요한 지식 발달에 필요한 내용은 다루지 않고 있다(Neuman, Copple, & Bredekamp, 2000). 대신 교사가 기존의 학급 교육과정에 초기 문식성 학습을 통합시킬 수 있는 새로운 기술에 초점을 두었고, 유아의 장기 목표와 가장 관련성이 높은 기술을 강조하였다.

기술을 포함한 전략

〈표 2〉에 기록된 전략을 교사가 처음에 배워 사용할 때 종종 가장 쉬운 것에 초점을 두고, 그 기술을 사용할 수 있는 활동을 염두에 두고 계획한 활동을 할 때만 그 전략을 사용하는 경향이 있다. 이러한 방법으로 교사는 이 기술을 연습할 기회가 증가하게 된다. 그러나 유아는 매일 문식성 활동에 참여하는 기회를 가지는 것이 중요하고,

교사는 초기 문식성과 관계된 계획되지 않은 교수의 순간에도 적절히 반응할 수 있어야 한다. 네 가지 사례에 따르면, 기술 각각에 초점을 두는 세 가지 기술은 교수 전략을 계획된 활동뿐 아니라 일과 중에 어떻게 사용되는지를 보여 준다.

책을 통한 그리고 책에 대한 학습(첫 번째 기술 세트)

제인 선생님의 방에서, 한 유아는 자신의 감정을 표현하는 방법에 대해 공부한다. 유아는 『비오는 월요일』이라는 책을 읽는다(Kachenmeister, 1989). 이 책에 나오는 어린 소년은 매일 자신에게 일어나는 일과 그가 사건에 대해 느낀 점을 설명하고 있다. 제인은 느낌과 감정을 표현하는 것과 자신의 감정과 책 속의 소년과 어떻게 같거나 다른지를 이야기하기 위해 책을 대그룹 활동 시간에 소개한다. '감정'에 대한 것은 요즘 이 교실에서 학습되는 교육 내용이다. 책을 읽기 전에, 제인은 유아가 생각하는 모든 감정을 기억해 내도록 요구하고, 그녀는 차트에 유아가 하는 말들을 기록한다. 제인은 '많이 화났다' '슬프다' '화났다' '흥분된다' '행복하다' '당황스럽다'와 같은 단어들을 기록한다. 제인은 유아들에게 책의 표지를 보라고 한 후 그림 속에 있는 소년이 느끼는 감정에 대해 유아들이 추측하도록 요구한다. 유아들은 다양한 감정을 추측하여 말하고 제인은 이를 차트에 기록한다. 그러고 나서 제인은 유아들이 정확하게 추측했는지 책을 찾아보게 한다.

제목 아래 쓰인 저자와 삽화가에 대한 이야기를 한 후에, 제인은 어디서부터 책을 읽어야 하는지 유아에게 물어본다. 그녀는 소년에게 일어난 사건에 대해 각 페이지를 읽고 유아에게 소년이 느꼈을 감정에 대해 추측하게 한다. 제인은 다양한 감정을 표현한 그림과 단어가 제시된 그림판을 이용한다. 언어 능력이 제한되어 있는 유아를 위해, 그녀는 그림판을 보여 주고, 감정을 나타내는 단어를 읽어 주면서 얼굴을 가리키고, 책의 등장인물의 감정을 예측할 수 있도록 요구한다. 그러고 나서 그녀는 페이지를 넘기며, 감정에 관한 단어를 읽어 주고, 유아들이 단어와 관계된 얼굴 표정을 짓도록 요구한다.

제인이 '실망하다'라는 단어를 보여 줬을 때, 유아는 "그 단어는 우리가 말해서 적은 차트에는 없는데요."라고 말한다. 그러자 제인은 "그렇구나!"라고 말하고, 차트 맨 아래에 그것을 쓰면서 실망했을 때의 느낌을 유아들이 생각하도록 요구한다. 그리고 '자랑스럽다'는 단어가 나온다. 제인은 유아에게 학급에 있으면서 자랑스럽다고 느꼈을 때를 생각하게 한다. 그렇게 하여 모든 유아들은 독서에 흥미롭게 참여하게 된다. 제인이 각각의 감정을 읽어 주고 목소리 톤을 바꾸어 가며 감정과 관계된 얼굴 표정을 보여 준다. 한 페이지를 읽은 후에, 그녀는 "이럴 때 어린 소년의 감정은 어떨까?"라고 물어 유아들이 감정을 추측할 수 있도록 한다. 그녀는 또한 유아들이 감정과 관계된 단어가 나왔을 때 얼굴 표정을 짓는 것을 거울로 보여 주기도 한다. 제인은 학급에서 유아들이 다른 친구의 감정에 대해서도 알아차릴 수 있게 되기를 원한다.

책 읽기가 끝났을 때, 제인은 유아에게 자신의 감정에 대한 작은 책을 만드는 코너 활동을 하게 될 것이라고 설명한다. 유아들이 한

명씩 대집단 활동으로부터 이동하기 전에, 제인은 카일에게 학급에서 만드는 '감정' 책에 어떠한 감정을 포함하고 싶은지 이야기해 보라고 하였다. 카일은 "저는 '흥분된다'라는 말이 좋아요."라고 기쁘게 말했다.

"나는 우리 할머니가 학교로 데리러 왔을 때, 얼마나 흥분되었는지를 나타내는 얼굴 표정을 그릴 거예요." 또한 제인은 제스에게도 어떤 감정을 포함시키고 싶은지 물었다. 제스는 단어를 기억해 내지 못한 채 고개를 떨군다. 제인은 제스에게 다가가서 "제스, 책을 보고 네가 좋아하는 표정을 보여 줘 봐."라고 말했다. 제스는 책을 펼치고 매우 행복해 보이는 얼굴의 그림을 찾았다. 제인은 그 표정에 해당하는 단어에 대해 제스에게 말하였고, 제스는 그 표정이 '감정' 책에 포함되기를 원한다고 말하였다.

이 사례에서 제인 선생님은 첫 번째 기술 전략을 많이 사용하였다. 그녀는 책을 설명해 주면서 책의 내용에 대해 소개하였고 학급에서 현재 배우고 있는 내용과 연결하였다. 그녀는 책의 단어를 복습하였고, 그들이 이전 수업 시간에 배운 단어와 연결시켰다. 그녀는 또한 얼굴 표정을 보고 소년이 어떻게 느꼈을지 예상하도록 유아에게 요구하였다. 그녀는 저자와 삽화가에 대해 말하고 나서 유아의 책에 대한 물리적인 특성의 이해를 강화하기 위한 전략으로서, 책을 어디서부터 읽어야 하는지를 유아에게 묻는다. 제인은 다양한 방법으로 유아의 흥미를 유지하려고 노력하였다. 책의 주인공의 감정에 맞는 목소리로 소리 내기, 얼굴 표정 짓기, 유아가 거울을 통해 자신의 얼굴 보기, 다음 페이지로 넘어가기 전에 유아가 추측할 수 있도록 잠시 멈추기 등을 활용하였다.

제인은 유아의 생각을 확장시키고 문제 해결력을 높이기 위해 다양한 질문을 던지고 답을 구하였다. 유아가 어떻게 느끼는지 물었고, 책의 주인공이 어떻게 느꼈을지에 대해 예측하도록 요구하며, 어떨 때 유아들이 그런 감정을 갖는지 생각하도록 다양한 질문을 던졌다. 그녀는 감정에 대한 다양한 단어의 의미를 말하면서 유아의 정보를 확장시켜 주고, 이전에 배웠던 느낌과 감정에 대한 내용을 그 책과 연결하였고, 언제 그러한 감정을 느끼는지 어휘에 느낌을 연결하는 활동을 하면서 정보를 확장시켰다. 제인은 유아들이 그들의 학급 책에 포함되기를 원하는 단어를 책에서 찾아보라고 요구하면서 반복할 수 있는 기회도 주었다.

또한 제인이 실시한 개별적인 지도도 주목할 만하다. 그녀는 언어가 제한된 유아를 위해 그림판을 사용하였다. 함께 차트에 적었던 단어를 기억하지 못하는 유아를 위하여, 유아와 함께 책을 다시 한 번 보고 학급 책에 포함시킬 단어의 느낌을 선택하도록 도우면서 촉진하였다. 또한 교사가 보여 준 활동은 유아의 초기 문식성 활동이 어떻게 사회 정서적 발달에 도움이 되는지 보여 주고 있다는 점에서 중요하다.

단어에서 소리의 인식(두 번째 기술 세트)

오스터 선생님의 학급에 있는 유아는 소리와 문자에 매우 흥미 있어 한다. 오스터는 음운이 같은 단어(rhyming words)에 초점을 두기로 하였다. 다른 유아들은 아직 음운을 인식하지 못하지만, 몇몇 유아는 자발적으로 음운을 사용하기 시작하였다. 그녀는 많은 음운을 포함하는 책과 함께 음운의 개념을 소개하였다. 대집단 활동 시간에 그녀는 음운에 대한 개념을 소개하고, 책 읽기를 하였다. 음운이 같은 단어가 나오면 음운 단어를 칠판에 쓴다. 그녀가 책을 읽은 후에 유아와 함께 음운의 쌍을 복습하고, 유아들은 각각의 쌍의 음운으로 추가적인 예를 만든다. 예를 들어, 이야기에 포함된 음운 중 하나는 'cat'과 'bat'이다. 그녀는 다른 음운을 유아에게 물어본다. 캐시, 주디, 데비와 알렉스는 'tat' 'pet' 'sat' 'rat'라고 말하기 시작한다.

오스터는 이 과제가 새미와 오미드에게는 너무 어려운 것이라는 것을 알았고, 그래서 그녀는 그들에게 "음…… 'mat'이 'cat'과 음운이 같니? 아니면 'dog'와 'cat'의 음운이 같니?"라고 물었다. 오미드와 새미는 모두 음운을 맞게 선택할 수 있었다. 그런데 리디와 타미는 적절하게 답하지 못했고, 이 두 유아를 위해 'cat' 'mat' 'sat' 'pat'과 같은 몇 개의 단어를 들려주며 음운에 대한 시범을 다시 한 번 보여 준다. 오스터는 유아가 각자 자신의 이름의 음운에 대해 생각하게 하면서 이 시간을 마치려고 하였다. 그런데 그들 중 많은 유아들이 잘 해내지 못하자 오스터는 유아들이 짝을 이루어 서로서로 도와줄 수 있도록 하였다.

대집단 활동을 마치면서 오스터는 유아들에게 말하기를 음운이 맞는 단어에 대해 더 알고 싶은 유아들은 보조교사인 제이크 선생님이 도와줄 것이라고 하였다. 오미드와 타미는 제이크 선생님과 놀이하기로 하였고, 제이크는 유아들에게 가장 좋아하는 동물, 장난감 또는 탈 것의 이름을 말하면서 음운을 생각하도록 요구하였다. 오미드는 "지난번에 저는 'cow'를 봤어요."라고 말했고, 타미는 "'cow'와 'wow'가 같은 음운이네요."라고 말했다. 제이크는 "오미드, 'hat'의 음운이 'cow'와 같니? 아니면 'how'의 음운이 'cow'와 같니?"라고 물었다. 오미드는 "제이크 선생님, 'hat'의 음운은 'cow'와 같지 않고요, 'how'의 음운이 'cow'와 같아요."라고 대답하였다. 유아들이 같은 음운의 단어를 좀 더 말하자 제이크는 그것을 종이에 받아 적었다. 제이크는 그 단어들을 차례대로 읽어 주고, 어떻게 그 단어를 찾아냈는지 유아에게 물어보면서 생각하게 하였다. 제이크는 종이를 접어서 가방에 넣어 집에 보내 주고, 음운 활동에 대해 부모와 함께 말할 수 있도록 하였다.

이 사례에서, 오스터 선생님은 음운의 이해를 증가시키는 활동을 통해 유아가 음운에 흥미를 느끼도록 지원하였다. 오스터와 보조교사인 제이크는 두 번째 기술 세트에서 제시한 전략을 사용한 것이다. 그들은 소리와 문자의 관계와 소리의 이해를 촉진시키기 위해 연령에 적합한 활동을 선택하였다(예, 책, 유아가 선택한 게임, 유아 자신의 이름 사용하기). 교사는 또한 촉진과 지원을 통해 다양한 능력을 가진 유아의 요구를 채워 주었다. 예를 들어, ① 음운에 대한 개념 설명하기(예, 일반적인 음운이 반복적으로 나오는 책을 활용하여 유아가 쉽게 경험하도록 하기), ② 음운의 예를 스스로 말하지 못할 경우에 선택형으로 질문하여 답하게 하기, ③ 음운을 스스로 만들도록 유아에게 요구하기와 같은 지원을 제공하였다. 또한 음운을 잘 이해한 유아와 아직 잘 이해하지 못한 유아가 짝을 이루게 하여 기술이 부족한 유아가 또래를 통해 기술을 익힐 수 있도록 하는 전략도 활용하였다. 더불어 같은 개념의 활동을 대집단에서도 하고, 제이크와 함께 소집단에서 하도록 하였다. 이때 제이크는 소리와 문자 사이의 관계를 강조하기 위해 유아가 말한 단어를 쓰면서 소리 내어 읽었다. 그리고 문자 활동을 통해 인쇄물의 개념(세 번째 기술, 다음에 소개될 내용)을 알게 하는 문식성 활동으로 자연스럽게 연결하였다. 또한 종이에 적은 내용을 집으로 보내서 학교에서 배운 내용을 가정에서도 가족과 함께 공유할 수 있도록 도와주었다.

인쇄물 개념의 인식(세 번째 기술 세트)

리 선생님의 학급에 있는 유아들은 새로운 극놀이 영역을 만들기로 하였다. 수업 시간에 가장 좋아하는 음식에 대한 투표를 실시하자, 피자가 가장 많이 나왔다. 리는 어디서 피자를 구할 수 있는지 유아들에게 물었다. 유아들은 '식품점, 피자 가게, 배달하는 사람'이라고 대답하였다. 그중 한 유아가 피자 가게를 극놀이 영역에 넣자고 제안하였다. 그런데 모든 유아가 피자 가게에 가 본 경험이 있는 것은 아니었기 때문에, 리는 현장학습 차 피자 가게에 방문할 것을 계획하였다. 방문하기 전에, 무엇보다도 리는 유아에게 피자 가게의 표지판을 눈여겨보게 하고, 피자 가게 극놀이 영역을 구성할 때, 어떤 표지판을 붙여야 하는지 주의 깊게 살피도록 유아들에게 당부하였다. 유아는 피자 가게에 다양한 표지판이 있다는 것을 알 수 있게 되었다. 가게의 이름, 가게의 주소, 가게가 언제 문을 열고 닫는지에 대한 시간 정보, 다양한 피자 가격 등에 관한 것이다.

피자 가게를 다녀온 후 며칠간 리는 새로운 극놀이 영역의 준비를 위한 자료(표지판 등)를 만들기 위해 소그룹 활동 시간에 이러한 활동을 포함하여 구성하였다. 리는 각각의 소그룹 활동 시간에 4명의 유아와 함께 활동을 이끌어 나갔다. 처음에 리는 유아에게 어떠한 표지판이 필요한지 기억해 볼 것을 요구하였다. 유아들은 필요한 표지판을 말하였고, 리는 유아가 말한 표지판의 목록을 받아 적었다. 리는 종이에 쓰인 단어를 가리키면서 그 목록을 읽었다. 첫 번째 소그룹에 속하는 유아들은 가게의 문을 열고 닫는 시간에 관한 표지판을 만들기로 결정하였다. 리는 표지판을 만들기 위해 필요한 것이 무엇인지 유아에게 물었고, 유아들은 펜과 풀, 장식품, 종이를 사용하기로 하였다. 리는 뇌성마비를 가진 제이슨을 위하여 펜을 끼워 쉽게 잡을 수 있는 보조도구를 포함하여 다양한 펜과 도구를 제공하였다. 그들은 서로 표지판에 대해 토론하고 다음 사항을 결정하였다. '가게 운영 시간은 정오에서 밤 12시까지' 유아들이 돌아가면서 글을 썼다. 몇 명의 유아는 교사가 써 준 글자를 보고 썼고, 어떤 유아는 글을 쓰기 위해 펜을 잡을 수 있도록 신체적인 도움을 필요로 했고, 또 다른 유아는 구어적 촉진(예, "원을 그려 봐.")을 필요로 했다. 리는 유아들이 글자를 쓰는 동안, 무슨 글자를 쓰고 있는지, 그 단어가 무엇을 의미하는지를 묻기도 하고, 글자의 크기와 위치 등에 대해 말해 주었다. 표지판 만들기가 끝나자, 리는 단어를 손가락으로 가리키면서 표지판을 읽어 주기 시작하였다. 그때 한 유아가 자신이 표지판을 읽어도 되는지 물어보았다. 이 활동이 종료될 무렵, 한 유아는 메뉴판이 필요하다는 생각을 하게 되었다. 그것은 다음 소집단이 만들어야 하는 임무가 되었다.

이 사례에서, 리 선생님은 인쇄물 자료와 관련하여 유아에게 도움이 되는 다양한 경험을 계획하였다. 그는 세 번째 기술 세트에 제시된 많은 전략을 사용하였다. 그는 피자 가게에 관한 모든 표지판을 유아 스스로 알아 가도록 지원하였다. 이러한 전략은 일상의 환경에서 인쇄물에 대해 배울 수 있도록 유아를 지지해 주는 것으로서 매우 중요하다. 리는 유아가 표지판의 목록에 대한 생각을 말하면 그것을 써 나갔다. 그리고 문자로 쓰인 목록을 유아들의 생각과 연결시켜 주기 위해 다시 읽어 주었다. 그는 유아들이 스스로 필요하다고 생각하는 필기도구를 선택할 수 있도록 해 주었고, 특별한 도움이 필요한 유아를 위해 조정(잡기를 원활히 할 수 있는 쓰기 보조도구)을 제공하였다. 그는 글자가 어느 방향으로 쓰이는지, 어디서부터 글이 시작되는지와 같은 인쇄물의 규칙과 문자와 단어를 포함한 인쇄물의 개념에 대해 유아에게 설명해 주었다.

세 가지 기술의 통합

앞서 언급한 세 가지 사례에는 세 가지 기술 세트를 어떻게 활동에 활용하는지에 대한 방법이 나타나 있다. 다음의 사례는 모든 기술이 통합된 것을 보여 준 것으로서 각각의 정보를 확장시켜 준다.

비숍 선생님의 유아원 학급은 소방서를 방문하기로 하였다. 이는 불조심 주간에 가지는 연중행사다. 이번 해에 비숍은 다른 곳에 방문할 때뿐만 아니라 소방서를 방문하는 날에도 활동 중에 초기 문식성 교수를 하기 위해서 열심히 준비하였다. 비숍은 유아의 초기 문식성 발달을 돕기 위해 다음과 같은 활동을 계획하였다. 첫째, 그는 불조심과 소방서에 대한 책을 선택하여 방문하기 전에 며칠 동안 읽어 주었다. 이 책을 읽기 전에 비숍은 유아들에게 소방서에 방문할 것이라는 사실을 상기시켜 주었다. 이 책을 읽으면서, 유아와 교사는 소방서에서 무엇을 보고 배울 수 있을지에 대한 이야기도 나누었다. 그는 아이들에게 실제 소방서와 책 속의 소방서가 무엇이 같고 다를지에 대해 예측해 보라고 요구하였다. 또한 유아들에게 소방관 아저씨를 만나면 직접 물어보고 싶은 게 무엇인지 생각해 보라고 하였다. 유아들이 그것에 대한 생각을 말하자, 비숍은 그것을 차트에 적었다. '소방관은 소방서에서 자나요?' '소방서에 강아지도 있나요?' '불을 보면 무섭지 않나요?'와 같은 것이다.

둘째, 비숍은 유아가 버스를 타고 내리기 위해 기다릴 때, 또는 버스를 타는 동안 할 수 있는 게임을 개발하였다. 그가 단어를 말하고 나서 같은 첫소리를 가진 단어를 유아에게 물어보는 것이었다. 그는

'bus'라는 단어를 말하였다. 제시가 'baby'라고 말하였고 힐러리는 'bat', 그리고 조는 'beast'라고 말하였다. 그는 단어를 말하지 않는 안드레를 바라보았다. 비숍은 안드레에게 선택할 수 있는 두 개의 단어를 주었다. "안드레, bus와 같은 소리가 나는 것이 bat이니 아니면 cat이니?"라고 묻고 대답을 기다렸다 그리고 다시 이렇게 물었다. "얘들아, 'bat/bus'일까 아니면 'cat/bus'일까?" 모든 유아가 차례로 대답을 했다. 비숍은 새로운 단어를 말했다. 이 게임은 버스를 타는 동안 계속 진행되었다.

비숍이 소방서에 방문하는 동안 문식성을 촉진하기 위해 시도한 다른 활동으로는 환경 속 인쇄물에 대해 지도하는 것이었다. 비숍은 유아들에게 소방서와 소방차를 둘러보고 어떤 글씨들이 있는지 발견해 보도록 요구한다. 처음에 유아들은 자세하게 인쇄물을 본다. 한 예로, 그들은 문을 보고 소방서의 이름을 발견하고, 소방차에 쓰인 글씨와 그들의 명찰에서 소방관의 이름을 발견하였다. 소방서를 계속해서 지나가면서, 유아들은 장소에 대해서도 인쇄물을 통해 알게 된다. 소방차 바퀴와 소방차의 창문, 화장실의 표지판, 전화번호, 자동판매기 등을 볼 수 있다. 사실 모든 곳에는 인쇄물이 있다. 유아가 버스를 탔을 때, 심지어 버스 옆에 많은 인쇄물과 계기판, 길가의 표지판을 발견하게 된다. 교사와 자원봉사자 그리고 부모들은 다른 곳에서 볼 수 있는 인쇄물에 대해 유아들과 함께 이야기를 나누기 시작한다. 유아들은 종이, 잡지, 텔레비전 광고, 레스토랑의 메뉴, 길가의 표지판, 가게 표지판, 많은 장소들에 대해 이야기한다.

다음 날, 유아들은 소방서를 방문한 것에 관한 책을 만들기 시작한다. 대그룹 활동 시간에 교사는 아동들이 말한 단어를 차트에 쓰면서 방문한 곳을 상기시킨다. 소그룹 활동 시간에 유아들이 교사에게 가장 좋았던 부분에 대해 이야기하는 동안, 교사는 그 정보에 대해 쓰고 유아는 가장 좋았던 부분과 관련된 그림을 그린다.

이 사례에서는 세 가지 교수 전략이 적절히 활용되었다. 첫째, 이 사례는 유아의 초기 문식성 발달의 지원 가능한 범위를 보여 준다. 비숍 선생님은 이야기 시간, 버스 타는 시간, 이동하는 시간, 소방서를 방문하는 시간, 대집단 및 소집단 활동 시간에 유아들의 초기 문식성 발달을 돕기 위하여 지원하였다. 둘째, 이 사례는 여러 기술들이 서로 연관되어 있음을 보여 준다. 예를 들어, 대집단 시간에 유아들로 하여금 방문한 곳에 대하여 상기시켜 주었다(첫 번째 기술). 그리고 그곳에 대해 유아들이 하는 말을 종이에 적었다(세 번째 기술). 셋째, 이 사례는 교사가 개별적인 유아의 필요를 충족시키기 위해 어떻게 교수 전략을 사용하였는지 설명한다. 한 유아가 'b' 소리로 시작하는 단어를 생각하지 못할 때, 비숍은 유아가 몇 개 중에 선택할 수 있도록 기회를 제공해 주었다. 마지막으로, 이 사례는 유아의 초기 문식성이 어떻게 교육과정으로 연결될 수 있는지를 알려 준다. 학급의 일과에서 다양한 문식성 기술 교수 전략을 사용하는 몇 가지 방법은 〈표 3〉에 소개되어 있다. 예를 들어, 유아가 과자를 먹거나 놀이 영역 후에 손을 씻고 돌아왔을 때 '일일 단어장'을 가지고 손뼉을 치며 단어를 읽는 활동을 할 수 있다.

또한 간식 테이블에 있는 이름 카드는 '왼쪽에서 오른쪽으로 읽기' 및 '같은 문자를 가진 이름 찾기'와 같은 활동을 강화하는 데 사

〈표 3〉 학급 일과에 삽입된 문식성 기술

활 동	이해력, 대화, 어휘	음운 인식, 낱글자 원리	인쇄물 개념
등원 또는 귀가	• 유아가 교실에 들어왔을 때, 오늘 배울 단어와 그것이 의미하는 것에 대해 말하기 • 유아들이 돌아갈 때, 오늘 배운 단어에 대해 말하도록 지도하기	• 버스를 타기 위해 줄을 서도록 지도할 때 교사가 유아 이름의 첫글자 음운을 말하면서 줄 서게 하기 • 같은 소리가 나는 이름을 가진 친구를 찾아 버스를 타러 가도록 지도하기	• 유아의 이름 쓰기(손의 움직임 문제를 가지고 있는 유아를 위해 고정시킬 수 있는 쓰기 도구, 아직 자신의 이름을 쓸 수 없는 유아를 위한 간단한 예시 자료, 자신의 이름을 쓰지 못하는 유아를 위한 성인의 도움 받기 등이 수정의 예가 됨)
간식	• 이야기를 시작하고 덧붙여 이야기를 이어 가기	• '나는 스파이' 놀이: 어떤 소리로 시작하는 사물을 찾거나 어떤 음운을 가진 단어 찾기 • 어떤 소리로 시작되는 음식을 생각하기	• 유아가 간식 메뉴를 보고 난 후에 자신이 선택한 것을 읽기(메뉴에는 그림과 단어 모두를 포함함) • 식탁 자리에 유아의 이름을 붙이고 이름에 포함된 글자와 소리에 대해 이야기하기
이동	• 유아가 기다리는 동안, 이야기 시간에 읽은 책을 생각하게 하고 가장 좋았던 부분이 무엇인지 물어보기	• 갈색 상자에 작은 물건을 넣어 두기 • 유아가 다른 친구를 기다릴 때, 물건을 꺼내서 음운과 첫소리와 끝소리가 같은 물건을 생각하기 • 대집단에서 소집단으로 이동할 때 자신의 이름 음절에 맞추어 박수 치기	• 유아가 복도로 이동할 때, 인쇄 자료를 찾도록 요구하기 • 유아들이 복도를 걸을 때 인쇄 자료로 보았던 모든 것을 대집단 활동 시간에 열거하기 • 청소하는 시간과 단계를 알려 주는 표지판 만들기 • 교사는 유아가 말하는 것을 쓰고 유아가 각 단계를 따를 수 있도록 그림을 그려 넣기

용될 수 있다. 첫소리가 같은 단어들에 대해 생각하게 하는 게임을 하면서 이 능력이 좀 더 발달될 수 있다. 학습을 촉진하기 위해 사용할 뿐만 아니라 일과 속에서 학습에 참여할 수 있도록 동기를 부여하는 방법으로 이러한 교수 방법을 사용할 수 있다. 매일 모든 활동에 적용 가능한 것은 아니겠지만, 일상생활에서 초기 문식성 기술을 위한 일반적인 개념을 발달시키는 데 이러한 활동이 활용될 수 있다. 또한 매일 다른 활동을 포함하여 기반을 확장시키는 것도 가능하다.

교수 전략은 주의 깊은 계획이 요구된다. 예를 들어, 책을 읽을 때 교사는 질문을 미리 생각하여 포스트잇이나 책에 메모해 둘 수 있다. 〈표 3〉에 포함된 내용을 참고하여 개별적인 유아를 위해 적합하게 수정된 계획을 사용할 수 있다. 교사는 개별 유아에게 필요하고 적합한 것을 생각하고, 이를 포함한 각각의 전략을 활동에 포함시켜 계획해야 한다.

결 론

초기 문식성을 위한 시간은 교사와 유아 모두에게 매우 재미있는 시간이 될 수 있다. 교사가 적절한 교수 기술을 사용하고, 유아가 풍부한 경험을 할 때 동기와 흥미가 높아진다. 그렇게 되기 위해서는 유아 개개인의 요구를 고려하여 유아가 활동에 참여할 수 있도록 교사의 주의 깊은 계획이 선행되어야 한다.

주

Preparation of this manuscript was supported by a field-initiated research grant, "The Effects of Individual and Group Interventions on Emerging Literacy Skills in Young Children" (Office of Special Education Programs, U.S. Department of Education, #H324C030114A). Mary Louise Hemmeter: mlhemm@uiuc.edu

참고문헌

Bowman, B. T., Donovan, M. S., & Burns, M. S. (Eds.) (2001). *Eager to learn: Educating our preschoolers.* (Report, National Research Council, Committee on Early Childhood Pedagogy.) Washington, DC: National Academy Press.

Burns, S., Griffin, P., & Snow, C. (1999). *Starting out right: A guide to promoting children's reading success.* Washington, DC: National Academy Press.

Hanline, M. F. (2001). Supporting emergent literacy in play-based activities. *Young Exceptional Children, 4*(4), 10-15.

IDEA (1997). Individuals with Disabilities Education Act Amendments of 1997, 20, U.S.C., §140.

International Reading Association (IRA)/National Association for the Education of Young Children (NAEYC) (1998, May). *Overview of learning to read and write: Developmentally appropriate practices for young children. Position statement.* Washington, DC: Author.

Kachenmeister, C. (1989). *On Monday when it rained.* Boston: Houghton Mifflin.

Light, J., & Kelford-smith, A. K. (1993). Home literacy experiences of preschoolers who use AAC systems and of their nondisabled peers. *Augmentative and Alternative Communication, 9*, 10–25.

Lyon, G. R. (2002, April). *A summit on early childhood cognitive development: Summary comments.* Washington, DC: U.S. Department of Education. Retrieved June 30, 2005, from http://www.ed.gov/offices/OESE/earlychildhood/summit/lyon.html.

Marvin, C. (1995). Home literacy experiences of preschool children with single and multiple disabilities. *Topics in Early Childhood Special Education, 14*, 436–454.

Marvin, C. A., & Wright, D. (1997). Literacy socialization in the homes of preschool children. *Language, Speech, & Hearing Services in the Schools, 28*, 154–163.

National Reading Panel (2000). *Report of the National Reading Panel. Teaching children to read: An evidence-based assessment of the scientific research literature on reading and its implications for reading instruction* (NIH Publication No. 00–4769). Washington, DC: U.S. Government Printing Office. Retrieved June 30, 2005, from http://www.nichd.nih.gov/publications/nrp/smallbook.htm.

Neuman, S. B., Copple, C., & Bredekamp, S. (2000). *Learning to read and write: Developmentally appropriate practices for young children.* Washington, DC: National Association for the Education of Young Children (NAEYC).

Neuman, S. B., & Roskos, K. (1992). Literacy objects as cultural tools: Effects on children's literacy behaviors in play. *Reading Research Quarterly, 27*, 203–225.

Notari-Syverson, A., O' Connor, R. E., & Vadasy, P. F. (1998). *Ladders to literacy: A preschool activity book.* Baltimore: Paul H. Brookes.

Snow, C. E., Burns, S., & Griffin, P. (Eds.) (1998). *Preventing reading difficulties in young children.* (Committee on Learning Research and Practice, National Research Council.) Washington, DC: National

Academy Press.

U.S. Department of Education(USDOE) (2001). *Put reading first: The research building blocks for teaching children to read.* Washington, DC: Author.

Whitehurst, G. J., & Lonigan, C. J. (2001). Emergent literacy: Development from prereaders to readers. In S. Neuman & D. Dickinson (Eds.), *Handbook of early literacy development* (pp.11-29). New York: Guilford.

이야기책의 활용

언어와 초기 문식성의 강화

Rebecca B. McCathren, Ph.D., University of Missouri
Jill Howard Allor, Ed.D., Southern Methodist University, Dallas, TX

유아의 읽기 습득을 준비하기 위해 효과적으로 이야기책을 사용하는 것이 중요하다. 일반적으로 읽기의 어려움은 학령기의 교육에 영향을 미치며, 어른이 되어서도 일상생활 기술이나 직업에 부정적인 영향을 가져온다(Stanovich, 1993/1994). 읽기 문제를 예방하기 위하여, 가능한 한 빨리 읽는 법을 학습할 준비를 해야 한다. 읽기 학습에 대한 준비의 중요성은 말할 필요가 없다. 이 준비는 일반적인 언어 발달을 포함해야 하는 것뿐만 아니라 음운학적인 요소 및 음운론과 인쇄물의 관계(Snow, Burns, & Griffin, 1998; Sulzby & Teale, 1991) 등을 포함해야 한다. 이러한 것은 초기 문식성의 필수적인 요소다.

유아원에서 이야기책을 사용하는 것은 오랫동안 중요하게 여겨져 왔으며, 공통적으로 사용되고 있는 방법이다. 선행 연구에서는 부모나 교사가 유아와 함께 이야기책을 읽으면서 하는 상호작용이 유아의 구어적 언어의 향상에 좋은 영향을 미친다는 결과를 도출해 냈다.

특히, 언어 지체를 갖는 유아에게 상당한 효과가 있는 것으로 나타났다(Bus, van Ijxendoorn, & Pelligrini, 1995; Dale, Crain-Thoreson, Notari-Syverson, & Cole, 1996; Karweit, 1989; Maute, 1990; Valdes-Menchaca & Whitehurst, 1992). 이야기책 읽기는 유아의 언어 발달 외에도 읽기에 대한 열의를 높여 주고, 학교 입학 전에 글을 읽고 쓰는 능력을 획득하는 데 도움이 되며, 학교에서 읽기 프로그램을 성공적으로 이끌어 주는 기초적인 요인이 된다(Sulzby & Teale, 1991). 최근 전문가들은 유아들의 언어 증진과 문식성 발달을 위한 효과적인 방법으로 이야기책을 사용하는 방법에 대해 더 많은 연구를 실시하고 있다(Bus, Ijzendoorn, & Pellegrine, 1995; Scarborough & Dobrich, 1994). 일반적으로, 부모나 교사가 책을 한 자 한 자 읽어 주는 것보다는 수용 언어와 표현 언어 두 가지 모두의 언어 능력 발달에 도움이 되는 대화 식의 책 읽기 전략이 더욱더 효과적이다(Arnold & Whitehurst, 1994; Mautte, 1990). 이러한 전략은 대부분 동시에 한두 명의 유아가 함께할 때, 그리고 부모가 직접 실행할 때 더욱 효과적이다.

특히, 고위험(at-risk) 유아의 경우에 초기 문식성 발달에 용이한 상호작용 활동에 참여하는 것이 언어 발달에 있어서 매우 중요하다. 다시 말해서, 상호적인 읽기 활동을 위하여 의미, 소리 그리고 인쇄물과 상호작용하는 것이 필요하다[International Reading Assosiation(IRA) & National Association for the Education of Young Children (NAEYC), 1998)]. 이 논문은 유아의 문식성과 언어 촉진을 위하여 교사와 부모가 이야기책의 사용 전략을 잘 활용할 수 있도록 하는 데 그 목적이 있다. 대다수의 유치원에서는 그림의 의미를 알고 명명하거나(언어장애 아동과 모국어가 영어가 아닌 아동을 포함함) 단어와 인쇄물에 관심을 갖기 시작하는 수준의 유아들이 많을 것이다. 교사는 이러한 아동들의 다양한 요구를 만족시키기 위해 자료와 능력을 잘 갖추어야 한다. 이 논문에서 우리는, ① 초기 문식성을 위한 중요한 요소의 개요를 제시하고, ② 유아의 언어 발달과 초기 문식성 기술을 촉진하기 위한 이야기책 사용의 구체적인 전략을 논하고, ③ 모국어가 영어가 아닌 유아를 위한 구체적인 전략을 알아볼 것이다.

초기 문식성의 중요한 요소

구어: 어휘와 대화 능력

구두 어휘와 대화 능력은 초기 문식성 발달에 있어 매우 중요하다. 읽기는 사회적 대화에 필요한 기술, 이를테면 언어를 사용하고 이해하는 지식과 과정을 발달시킨다(Kamhi & Catts, 1999). 언어 발달이 지체되었거나 장애가 있는 유아는 읽기장애를 가질 위험이 더 높다(Snow et al., 1998). 읽기에 어려움을 경험하는 학령기 아동은 어휘와 대화 능력 및 언어를 표현하고 수용하는 언어 발달, 즉 이야기를 이해하고 말하는 능력에 있어서도 어려움을 가진다. 또한 초기 어휘의 발달은 학령기 아동의 읽기 능력과 높은 상관관계를 보인다는 연구도 많다(Walker, Greenwood, Hart, & Carta, 1994). 특히, 저소득층 아동 중에는 낮은 어휘 발달 수준인 상태에서 학교에 입학하는 경우가 있는데(Hart & Risley, 1995; Rush, 1999) 이들은 읽기 학습에 많은 어려움이 뒤따르게 된다.

구어: 음운론의 인식

구어의 발달은 생각을 전달하기 위한 소리와 단어 그리고 문장을 이해하는 능력을 포함한다. 음운론의 인식은 구두 언어가 소리와 소리 뭉치로 구성되었다는 것을 이해하는 것이다. 이러한 인식의 발달은 초기 문식성 기술 중 하나로서 읽기 학습에 중요한 요인이 되므로 매우 중요하다(Byrne & Fielding-Barnsley, 1993; O'Connor, Jenkins, Leicester, & Slocum, 1993). 어휘의 첫소리를 인식하는 것과 두 단어가 가지고 있는 동일한 음운을 인식하는 것은 음운 인식의 좋은 예다. 음운론 인식에 대한 교육은 음운론의 인식을 향상시키는 것은 물론 읽기 교육의 성과를 높여 결국 읽기 발달을 가져온다(Byrne & Fielding-Barnsley, 1993; O'Connor et al., 1993).

인쇄물 인식

구두 언어 외에도, 의사 표현의 수단으로서 인쇄물을 식별하는 능력이 필요하다. 이는 이야기책에 쓰인 언어의 형태와 기능을 이해하는 능력이다. 읽기 학습을 위해 유아는 인쇄물에 대한 기본적인 통찰과 관찰의 경험이 필요하다(Adams, 1990). Durkin(1993)의 설명처럼, 이러한 통찰은 문자의 유의미한 경험을 통해서 얻어진다. 유아는, 첫째 낱말의 형태와 낱말이 아닌 것(nonwords)의 차이를 알아야 한다. 둘째, 인쇄물로 된 글자가 구두 언어로 변환될 수 있다는 것을 알아야 한다. 셋째, 낱말 사이에 띄어 쓰는 빈칸의 기능을 이해해야 한다. 넷째, 글을 왼쪽에서 오른쪽으로, 위에서 아래로 읽는 것을 이해해야 한다(Durkin, 1993). 글자의 인식은 또한 인쇄물 인식의 한 형태로서 포함될 수 있다(Adams, 1990). 몇몇 교사들은 유아에게 글자의 이름(예, A－에이, ㄱ－기역)을 가르치는 것의 필요성에 대한 문제점을 거론하기도 한다. 그러나 아동들이 읽기 학습을 하기 전에 글자의 시각적 형태를 인식하고 구별하는 방법을 배워야 하는 것은 분명하다(Adams, 1990). 유아는 다양한 방법(예, 블록에 쓰인 글자, 자석 글자)으로 글자와 친숙해질 수 있으므로, 유아가 인쇄물에 좀 더 관심을 가질 수 있게 해 주고, 그것에 대한 소리를 알 수 있도록 지원하는 것이 중요하다(Lesiak, 1997).

이야기책의 사용을 위한 전략

이야기책은 유아가 읽기를 준비하는 데 사용된다. 유아를 대상으로 하는 책에는 재미있는 그림과 쉬운 언어, 음운 그리고 반복되는 첫글자의 소리 등이 포함되어야 한다. 많은 유아들이 형식적인 읽기 교육에 참여할 준비가 되어 있지 않더라도, 일부 유아는 읽기 학습을 매우 원할 수 있다. 교사는 유아들의 요구에 반응하는 동시에 발달 수준에 적합한 교육을 제공할 수 있다(Bredekamp & Copple, 1997; IRA & NAEYC, 1998). 각각의 수준에 맞는 교육을 제공하는 방법은 유아들의 다양한 능력을 인식하는 것에서 시작된다. 교사와 부모는 이때 짧은 이야기를 사용하고, 아동의 관심의 정도와 다양한 필요를 만족시키기 위해 재미있는 놀이 활동을 포함시키는 것이 좋다. 다음 문단은 유아들의 언어 발달과 초기 문식성을 가능하게 하는 이야기책 활용 전략에 대해 소개하고 있다. 다음에 소개될 이야기책 미리 보기 전략은 새로운 책을 소개할 때 대개 사용되지만, 언제든 활용 가능하다.

이야기책 미리 보기

교사가 유아들과 효과적으로 의사소통하려면 2~3명 또는 개별 유아와 함께 이야기책 미리 보기(storybook preview)를 하는 것이 필요하다. 이때 유아의 의사소통 시도에 반응하고 확장시켜 주는 것이 중요하다. 이야기책 미리 보기 활동에서 유아는 줄거리에 대한 내용보다는 제목이나 사진에 대해 이야기하고 관심을 보이면서 책의 내용을 탐색하게 된다. 어휘력을 길러 주기 위해 유아가 관심을 보이는 사물이나 사람 또는 사건에 해당하는 어휘를 다양하게 제공해 준다. 모국어가 영어가 아닌 유아 또는 언어 발달의 초기 단계에 있는 유아들을 위해 교사는 한두 마디로 된 간단한 문장을 통해 유아가 표현한 내용을 간단히 확장시키는 시범을 보인다. 예를 들어, 유아가 그림을 가리키며 "강아지!"라고 말한다면, 교사는 "강아지가 달려가네."라고 말하면서 그림에 대해 자세히 묘사하면서 표현을 확장한다. 아직 말을 못하거나 사진을 언어로 표현하지 못하는 수준의 유아들이 많은 유아원에 포함되어 있을 것이다. 그 유아들은 아직 단어와 그림 그리고 그것이 '실제의 삶'과 어떻게 연결되어 있는지를 이해하지 못하는 경우도 있을 수 있고, 혹은 다문화가정의 유아라서 영어를 아직 말하지 못하여 그러는 경우도 있을 것이다. 교사는 유아에게 실제 물건을 제공하여 유아가 직접 만져 보고 조작할 수 있게 하여 그림과 실제 사물 간의 관련성을 알 수 있도록 한다. 또한 동사를 표현하는 경우에는 유아와 교사가 이야기 속의 활동을 실제로 해 보이는(acting out) 교수 전략을 사용하여, 유아가 이야기 속에서 나오는 활동을 직접 실행하면서 언어를 발달시킬 수 있도록 한다.

이러한 'acting out' 전략을 통해 이야기를 들으면서 유아가 단어에 해당하는 것을 직접 동작으로 하거나 교사가 그 동작을 대신 해 보일 수도 있다. 예를 들어, 책 내용 중에 '그 소년은 좋아서 깡충깡충 뛰었습니다.'라는 부분이 나올 때, 교사는 유아에게 "우리도 이 소년처럼 깡충깡충 뛰어 볼까?"라고 제안하고, 유아가 뛰어오르면 "뛴다, 뛴다!"라고 말해 준다.

구어 발달 수준이 다소 높은 유아에게는 교사가 유아의 질문과 코멘트에 적절히 반응해 주어야 한다. 이야기책 미리 보기 활동 시간에 책의 제목과 그림에 대해 이야기할 때, 구어 수준이 높은 유아는 책에 포함된 내용을 그들의 생활에 연결시켜 이야기하기도 한다. 예를 들어, 책에 강아지 그림이 나오면, "우리 집에도 강아지 있어요." 라고 말할 것이다. 이때 교사는 유아에게 유아가 키우는 강아지에 대한 질문을 하고, 책 속의 강아지와 자신의 집에서 키우는 강아지와의 유사점과 차이점을 확인하고 스스로 생각할 수 있도록 기회를 준다. 또는 유아가 책의 내용과 관련하여 자신의 강아지에 대한 이야기를 다른 유아들 앞에서 발표하는 시간을 줄 수도 있다. 유아가 이야기책의 그림을 보고 있을 때, 교사는 "이 장면에서 무슨 일이 일어난 것 같니?"라고 질문할 수도 있다. 또한 교사는 유아가 다양한 어휘를 사용할 수 있도록 기회를 주고, 그림을 잘 관찰하도록 하기 위하여 다음과 같은 질문을 할 수도 있다. "이 아이의 얼굴을 좀 봐. 지금 이 아이의 기분이 어떨 것 같니?" "이 그림에서 이 아이가 눈을 감고 있는데 무슨 일이 일어난 걸까?"

Cole과 Maddox(1997)는 부모가 유아와 함께 이야기책을 활용하는 방법을 안내하기 위하여 부모 훈련용 비디오를 제작했다. 이 비디오는 부모 또는 양육자의 책 읽어 주기 활동이 책과 유아의 학습 사이를 연결해 주는 역할을 하도록 한다. 책을 통하여 유아는 글자와 마찬가지로 그림도 실제 사물이나 활동을 의미한다는 것을 배울 수 있고, 새로운 어휘를 습득할 수 있으며, 글이나 말을 통해 자신이 의미하는 바를 표현할 수 있다는 사실도 인식하게 된다.

특히, 유아와 함께 책을 볼 때, 글자 한 자 한 자를 모두 읽기보다는 그림을 보거나 내용을 읽으면서 대화하는 것이 더 효과적이라는 사실을 이 비디오는 강조하고 있다. 이러한 이야기책 사용 전략은 CAR 전략이라고 말할 수 있는데, CAR 전략은 코멘트하기(Comment), 질문하기(Ask), 응답하기(Respond)를 의미한다.

이야기책 소리 내어 읽기

소리 내어 읽는 것은 언어뿐만 아니라 인쇄물의 개념을 형성하는 데도 도움이 될 수 있다. 대집단 활동에서, 교사는 유아의 주의를 끌기 위해 책을 읽는다. 특히, 되풀이되는 어구나 음운을 가진 책을 선택하는 것은 유아의 집중을 이끌어 낼 뿐만 아니라 문식성 기술의 발달을 위해서도 효과적이다. 유아가 반복된 어구나 동일한 음운을 스스로 말할 수 있도록 하기 위해 잠깐 멈추는 것은 유아의 집중을 유지하는 데도 많은 도움이 된다. 또한 이야기책에 나오는 소품을 활용하는 것도 유아의 이해와 집중에 도움이 된다.

대집단 활동을 마치고, 소집단 활동이나 개별 활동 시간에 교사나 자원봉사자는 몇 명의 유아들 또는 개별 유아에게 책을 읽어 줄 수 있는데, 읽어 줄 때 각각의 낱말을 가리키면서 읽을 수 있다. 이 전략이 효과적으로 활용되기 위해서, 유아가 활자를 또렷이 볼 수 있도록 성인과 충분히 가깝게 앉도록 하며, 유아가 기본적인 언어 기술을 갖추고 있다면 더욱 좋다. 이때 교사는 각각의 유아에게 책에서 가장 좋아하는 페이지를 선택하라고 말한다. 교사는 유아가 선택한 페이지를 한 단어씩 가리키면서 좀 더 천천히 다시 읽어 준다. 유아는 그림에 대해서 말하고 특정한 단어를 손가락으로 가리키기도 하는데, 교사는 유아가 가리키는 단어를 소리 내어 읽어 준다. 이러한 부가적인 활동은 단어의 의미 그리고 단어와 단어 사이에 보이는 띄어쓰기의 의미를 명확히 이해하는 데 효과적일 것이다. 한번에 전체 이야기를 모두 읽는 것은 별로 중요하지 않다. 유아마다 좋아하는 부분이 있기 때문이다. 이때 교사는 글자의 개념을 강조하면서 유아가 가장 좋아하는 부분(예, 마지막 부분)만 읽어 주어도 좋다.

이야기책의 소리

이야기책에서 사용되는 낱말을 통해 음운 인식(phonological

awareness)이 발달된다. 음운 인식 활동은 반복되는 음운에 대한 인식이나 첫소리가 같은 단어 찾기 활동 등을 포함한다. 음운 인식 활동과 교육과정에 도움이 되는 참고자료는 다양하다(예, Notari-Syverson, O'Connor, & Vadasy, 1988; Adams, Foorman, Lundberg, & Beeler, 1998; Blachman, Ball, Black, & Tangel, 2000). 이야기책 소리(storybook sound) 활동은 이러한 자료를 참고하여 개발되었다. 그러나 여기서 제시하는 이야기책 소리 활동은 일반적인 음운론적 인식 활동과는 다소 차이가 있다. 이 활동은 이야기책에 나온 음운을 그대로 활용하거나 이야기책의 내용과 관련된 것을 사용하기 때문이다. 교사는 유아의 흥미와 능력을 가능한 한 충분히 고려해야 한다. 또한 책 속의 낱말 중 음운 인식 활동에 적합한 것을 선택하는 것이 중요하다. 활동을 계획하거나 활동을 위한 어휘를 선택할 때, 유아의 개별적인 수준이나 요구를 신중히 고려해야 한다.

일반적으로 음운 인식은 단계적으로 발달한다. 첫 번째 단계로, 유아는 발성되는 문장이 낱말과 낱말로 구성되었다고 인식한다. 두 번째 단계로, 유아는 낱말은 음절로 구성되었다는 것을 이해하기 시작한다. 마지막 단계에서 유아는 낱말의 각 음소에 해당하는 소리를 이해하게 된다. 그리고 이러한 소리를 스스로 다룰 수 있게 된다. 마지막 음운론적 인식의 단계를 좀 더 특정한 용어를 사용하여 표현하기도 하는데, 음소의 인식(phoneme or phonemic awareness)으로 언급되기도 한다. 이 단계에서 두 가지 중요한 기술은 단어의 분리와 조합이다. 분리(segmenting) 작업을 하기 위해서는 낱말 개개의 소리를 분리하는 능력이 요구된다. 그에 반하여 조합(blending) 작업은 낱글자를 소리에 맞추어 단어로 연결하는 능력을 요한다. 그러나 낱말과 음운에 대해 이해하는 유아라고 할지라도 아직 유치원에 입학하기 이전의 어린 유아에게는 위의 두 작업 모두 적절하지 못하다. 발달상으로 적절한 음운 인식 활동을 제공하기 위해서는 다음의 세 가지 사항을 고려해야 한다.

첫째, 음운 인식은 유아에게 명확하게 설명되는 기술이 아니다. 무엇을 의미하는지 설명하는 대신에 교사는 유아에게 시범(모델)을 보여야 한다. 그리고 유아가 교사의 시범을 모방할 수 있도록 강화해야 한다. 유아가 아직은 어리기 때문에 이야기에서 반복되는 음운을 잘 찾아내지 못한다 하더라도 좌절하지 않도록 교사는 유의해야 한다. 교사가 질문하여 유아의 반응을 얻고자 하는 경우에는 거의 모든 유아가 정확하게 대답할 수 있도록 쉽고 간단한 질문을 반드시 포함해야 한다. 예를 들어, 한 교사가 음절 인식을 발달시키기 위한 활동을 계획할 때 수준이 낮은 유아를 위해 한두 개의 음절로 된 간단한 몇 개의 낱말을 조금 어려운 낱말과 함께 포함시켜 구성해야 한다는 것이다. 만약 한 유아가 Eric Carle(1997)의 『머리에서 발까지(From Head to Toe)』라는 책에 나오는 악어에 대한 흥미를 표현했다면, 교사는 유아에게 그 낱말이 몇 음절인지 묻고, 필요시 모범을 보이면서 각 음절마다 박수를 치게 한다. 또한 고양이나 나귀 같은 더 간단한 낱말을 선택할 수도 있다. 다소 수준이 높은 유아는 낱말의 각 음절을 정확하게 이해하고 음절마다 박수를 칠 수 있겠지만, 일부 유아는 어떤 낱말이 다른 낱말보다 더 길다는 정도만 이해하는 수준일 수도 있다. 또한 유아가 바로 응답할 수 없을 때는(보통 3~4초 이내에), 유아가 이해하기 쉽도록 교사가 간단한 시범을 보여야 한다. 이러한 경험을 통해 유아의 음운 인식이 발달되며, 특히 장애를 가진 유아에게 이러한 경험은 더욱더 중요하다. 발달 지체가 있는 유아들을 위해서는 좀 더 오래 생각할 수 있는 시간을 제공할 필요가 있다.

둘째, 음소를 따로 떼어 별개로 발음하는 것은 결코 간단한 것이 아니다. 교사는 별개로 발음되는 소리를 정확하게 이해하기 위해 언어치료사의 도움이 필요할 때도 있을 것이다. 각각의 음소를 정확하게 발음할 수 있어야 하기 때문이다. 예를 들어, fan의 'f'는 /fuh/가 아니라 /f/로 발음된다. 심지어 fan을 발음할 때는 /fff/로 음소를 길게 늘려 발음할 때도 있다. 그러나 모든 소리에 해당하는 문자의 이름을 아직 가르칠 필요는 없다. 그리고 모든 문자에 해당하는 소리를 전부 가르칠 필요도 없다. 유아의 연령대에 자주 쓰이는 친숙한 어휘를 사용하는 것이면 충분하다.

셋째, 교사는 말의 구조에 대한 학습 활동을 계획할 때, 간단한 낱말을 선택해야 한다. 음운의 수가 적은 낱말을 활용하면 더 간단해진다. 그리고 첫음절에 자음이 뭉쳐져 있는 낱말은 이 시기의 유아에게 적절하지 않으므로(Treiman & Weatherston, 1992) 포함시키지 않아야 한다. 이러한 활동은 구어로 이루어지기 때문에, 스펠링이 복잡하더라도 음소가 한두 개인 경우에는 사용할 수 있다. 예를 들어, 'may'와 'eight'의 스펠링은 간단하지 않지만 모두 두 개의 음소를 가지고 있으므로(/ma/와/at/) 유아의 구어 음운 인식 활동에 사용하기 적절할 것이다. 특히, 첫 음소를 조합하고 분리하는 것은 더 쉽다. /s/ /f/와 같은 음소들은 장음이어서 길게 늘어지는 경우가 많으므로 /b/ /d/와 같이 단음인 음소로 시작하는 것보다 조합하거나 분리하기가 더 쉽다. 추가적인 예로서 〈표 1〉을 참고한다.

〈표 1〉 음운 인식 활동 사례

『빵, 빵, 빵(Bread, Bread, Bread)』 이야기책을 활용한 활동(Morris, 1989)

유아: 내가 가장 좋아하는 부분은 여기 불에 쿠키를 굽는 부분이에요.

간단한 음절 인식 활동

교사: 박수를 치면서 'cooking' 단어의 부분을 말해 봅시다.
교사와 유아들: Cook-ing(쿠, 킹) (박수를 두 번 치면서)
교사: 이번에는 'fire(불)'를 같은 방식으로 해 봅시다.
교사와 유아들: fire(불) (박수를 한 번 치면서)
교사: 어느 낱말이 더 길까요? Cook-ing(박수 두 번)? 아니면 fire(박수 한 번)?
유아들: Cooking요.
교사: 맞아요, Cook-ing은 두 음절이고 fire는 한 음절이에요.

첫 음운 확인하기

교사: 이 페이지를 다시 읽을 거예요. 선생님이 책을 읽을 때, /fff/ 소리로 시작하는 낱말을 들어 보세요. 어떤 말소리라고 했나요?
유아들: /fff/요.
교사: 네, 맞아요. /fff/로 시작하는 낱말을 잘 들으세요. [교사는 다시 '불 위에 빵 굽기(cooking bread over the fire)'를 읽는데, 불(fire)의 /fff/ 소리를 길게 늘리며 읽는다.] 선생님이 어느 낱말을 /fff/ 소리와 함께 읽었을까요?
유아들: 불(fire)이요.

조합의 과정

교사: 이 페이지에 이상한 낱말이 하나 있어요. 이 낱말을 추측할 수 있다면 한번 찾아보세요. 소리를 들어 보세요. /fff/ /ire/, 이걸 합쳐 보면 어떤 낱말인가요?
유아들: 불(fire)이요.

[필요하다면, 교사는 단어와 함께 사진을 제시하여 유아가 좀 더 쉽게 답할 수 있게 한다. 그리고 그때마다 다음과 같은 질문을 할 수 있다.

"/fff/ /ire/으로 나누어지니?" 유아가 어려움을 느낀다면 교사는 음절 사이를 멈추지 않으면서 발음을 길게(/fffire/) 해 준다.]

이야기책 기념하기 활동

이야기책 기념하기(story celebration) 활동에서 유아는 책의 내용과 관련 있는 활동을 통해서 이야기책에 관심을 보이게 된다. 이러한 활동은 수준 높은 문식성 활동에 참여하는 유아들뿐만 아니라 그림을 보고 사물의 이름을 말하는 정도의 문식성 수준을 가지고 있는 유아에게도 사용될 수 있다. 책에 나와 있는 내용을 토대로 하는 미술, 요리, 과학 등 여러 가지 활동을 통해 유아는 더 많이 배울 수 있게 될 뿐만 아니라, 책의 내용과 생활을 손쉽게 연결할 수 있게 된다. 예를 들어, 『빵, 빵, 빵(Bread, Bread, Bread)』(Morris, 1989)이라는 책은 전 세계의 다양한 문화권의 사람과 그들이 주식으로 먹는 음식 종류, 특히 빵에 관한 책이다. 이 책을 가지고 하는 '이야기책 기념하기 활동'은 유아가 유아원이나 가정에서 보편적으로 먹는 빵의 종류에 대해 토론하는 것부터 활동을 시작할 수 있다. 유아는 교사의 도움을 받아 자기만의 요리법으로 다양한 종류의 음식을 만드는 활동을 할 수도 있다. 또한 책에 소개된 음식을 만들어 보는 활동도 할 수 있다. 이야기책을 기념하는 방법은 교사와 유아가 상상하는 그 어떤 활동도 포함될 수 있다. 그러나 이러한 활동을 계획할 때는 다음과 같은 사항, 즉 ① 유아의 동기 유발하기, ② 이야기책의 의미와 경험 관련짓기, ③ 유아에게 의미 부여하기 등을 유념하여야 한다. 유능한 교사는 책과 관련된 새로운 경험을 제공해 줄 뿐 아니라, 각 유아의 경험을 잘 활용하여 흥미를 유발할 수 있을 것이다.

제2의 언어로 영어를 배우는 유아들

미국 통계국(1995)에 따르면, 미국 가정에 살고 있는 5~17세 아동 중 15%는 영어를 모국어로 사용하지 않는다고 한다. 헤드 스타트 프로그램(Head Start Program)에 등록된 유아의 통계를 보면, 영어가 아닌 다른 언어를 사용하는 아동의 수는 약 26%로서, 일반적인 비율보다 더 높은 비율을 차지하고 있다(Head Start Bureau, 2000). 일반적으로, 유아원(학교) 경험(교육)은 영어 교육을 위한 의미 있는 경험을 제공하는 동시에 유아의 모국어 발달도 지원해 줄 수 있어야 한다(IRA, 1997). 이야기책을 활용하여 모국어의 발달을 지원해 주는 전략에는 다음과 같은 사항이 포함된다. 첫째, 잘 알려진 이야기에 모국어 번역본을 함께 사용한다. 둘째, 가정에 번역서를 제공한다. 셋째, 유아가 사용하는 모국어로 된 책을 학교 도서관에 비치하고 대여하는 시스템을 갖춘다. 넷째, 유아의 모국어를 유창하게 말하는 사람(예, 교사, 보조원, 학부모 자원봉사자, 선배)을 학교에 배치한다. 모국어를 활용한 초기 문식성 활동에 유아가 참여할 수 있도록 주의 깊게 계획하는 것이 중요하다(Espinosa & Burns, 2003). 영어 발달은 앞서 논의되었던 언어 전략을 통해 촉진될 수 있다. 반드시 기억해야 할 것은 유아가 아직 말하지 못하는 언어를 통해 문식성 기술을 배울 수는 없다는 점이다(Espinosa, personal communication, December, 2001).

요 약

결론적으로 이야기책을 읽는 활동은 유아의 읽기 학습 준비와 언어 발달을 위해 전략적으로 사용되어야 한다. 교사와 부모는 이야기책과 그림에 대한 유아의 관심을 유발할 수 있어야 한다. 이야기책 활동은 유아가 책의 의미, 음운 인식, 인쇄 매체에 대한 개념의 이해를 향상시킬 수 있도록 의도적으로 의미 있게 계획하는 것이 무엇보다 중요하다. 이러한 활동이 개인의 능력에 맞추어 계획되었을 때, 개념이나 단어 표현, 묘사 기술, 음운 인식 그리고 인쇄물 인식을 효과적으로 발달시킬 것이다. 이 논문에서 우리는 유아에게 적절한 방법과 특정한 전략에 대해 논의하였다. 이러한 활동은 유아원 학급에서 규칙적으로 이루어지는 일과의 한 부분이 되어야 한다. 그리고 교사들은 이러한 활동이 가정에서도 사용될 수 있도록 부모를 지원하고 격려해야 한다. 유아원에서 이러한 활동을 제공하는 것은 미래의 언어와 읽기에 대한 성공의 기초가 될 것이다.

주

Rebecca B. McCathren: mccathrenr@missouri.edu

참고문헌

Adams, M. J. (1990). *Beginning to read: Thinking and learning about print*. Cambridge: MIT Press.

Adams, M. J., Foorman, B. R., Lundberg, I., & Beeler, T. (1998). *Phonemic awareness in young children*. Baltimore: Paul H. Brookes.

Arnold, D. S., & Whitehurst, G. J. (1994). Accelerating language development through picture book reading: A summary of dialogic reading and its effects. In D. K. Dickinson (Ed.), *Bridges to literacy: Children, families, and school* (pp. 103-128). Cambridge: Blackwell.

Blachman, B. A., Ball, E. W., Black, R., & Tangel, D. M. (2000). *Road to the code*. Baltimore: Paul H. Brookes.

Bredecamp, S., & Copple, C. (1997). *Developmentally appropriate practice in early childhood programs* (Rev. ed.). Washington, DC: National Association for the Education of Young Children (NAEYC).

Bus, A. G., van Ijzendoorn, M. H., & Pellegrini, A. D. (1995). Joint book reading makes for success in learning to read: A meta-analysis on intergenerational transmission of literacy. *Review of Educational Research, 65*(1), 1-21.

Byrne, B., & Fielding-Barnsley, R. (1993). Evaluation of a program to teach phonemic awareness to young children: One-year follow-up. *Journal of Educational Psychology, 85*, 104-111.

Carle, E. (1997). *From head to toe*. New York: Harper Collins Juvenile.

Cole, K., & Maddox, M. (1997). *Talking and books: Language is the key* [Video]. (Available from Kevin Cole, Ph.D., Washington Research Institute, 150 Nickerson Street, Suite 305, Seattle, WA 98109.)

Dale, P. S., Crain-Thoreson, C., Notari-Syversen, A., & Cole, K. (1996). Parent-child book reading as an intervention technique for young children with language delays. *Topics in Early Childhood Special Education, 16*, 13–35.

Durkin, D. (1993). *Teaching them to read.* Boston: Allyn & Bacon.

Espinosa, L. M., & Burns, M. S. (2003). Early literacy for young children and English language learners. In C. L. Howes (Ed.), *Teaching 4- to 8-year-olds: Literacy, math, multiculturalism, and classroom community* (pp. 88–114). Baltimore: Paul H. Brookes.

Hart, B., & Risley, T. R. (1995). *Meaningful differences in the everyday experience of young American children.* Baltimore: Paul H. Brookes.

Head Start Bureau (2000). *Celebrating cultural diversity in Head Start.* Washington, DC: Commissioner's Office of Research and Evaluation and Head Start Bureau.

International Reading Association (IRA) (1997). *The role of phonics in reading instruction* (Position statement of IRA). Newark, DE: International Reading Association.

International Reading Association (IRA) and National Association for the Education of Young Children (NAEYC) (1998). *Learning to read and write: Developmentally appropriate practices for young children* (Joint position of the IRA and NAEYC). Newark, DE: International Reading Association.

Kamhi, A. G., & Catts, H. W. (1999). Language and reading: Convergence and divergence. In H. W. Catts & A. G. Kamhi (Eds.), *Language and reading disabilities* (pp. 1–24). Boston: Allyn & Bacon.

Karweit, N. (1989). The effects of a story-reading program on the vocabulary and story comprehension skills of disadvantaged preschool and kindergarten children. *Early Education and Development, 1*, 105–114.

Lesiak, J. L. (1997). Research-based answers to questions about emergent literacy in kindergarten. *Psychology in the Schools, 34*, 143–160.

Mautte, L. A. (1990). The effects of adult-interactive behaviors within the context of repeated storybook reading upon the language development and selected prereading skills of prekindergarten at-risk children. *Florida Education Research Council Research Bulletin, 22*(3), 1-31.

Morris, A. (1989). *Bread, bread, bread.* New York: Scholastic.

Notari-Syverson, A., O' Connor, R. E., & Vadasy, P. F. (1998). *Ladders to literacy.* Baltimore: Paul H. Brookes.

O'Connor, R. E., Jenkins, J. R., Leicester, N., & Slocum, T. A. (1993). Teaching phonological awareness to young children with learning disabilities. *Exceptional Children, 59*, 532-546.

Rush, K. L. (1999). Caregiver-child interactions and early literacy development of preschool children from low-income backgrounds. *Topics in Early Childhood Special Education, 19*, 3-14.

Scarborough, H. S., & Dobrich, W. (1994). Another look at parent-preschooler book reading: How naked is the emperor? *Developmental Review, 14*(3), 340-347.

Snow, C. E., Burns, M. S., & Griffin, P. (1998). *Preventing reading difficulties in young children.* Washington, DC: National Academy Press.

Stanovich, K. E. (1993/1994). Romance and reality. *The Reading Teacher, 47*, 280-290.

Sulzby, E., & Teale, W. (1991). Emergent literacy. In R. Barr, M. L. Kamil, P. B. Mosenthal & P. D. Pearson (Eds.), *Handbook of reading research: Volume II* (pp. 727-757). New York: Longman.

Treiman, R., & Weatherston, S. (1992). Effects of linguistic structure on children's ability to identify initial consonants. *Journal of Educational Psychology, 84*, 174-181.

U. S. Bureau of Census (1995). *The Hispanic population in the U.S.* Washington, DC: Department of Commerce, U.S. Bureau of Census.

Valdez-Menchaca, M. C., & Whitehurst, G. J. (1992). Accelerating language development through picture book reading: A systematic extension to Mexican daycare. *Developmental Psychology, 28*(6), 1106-1114.

Walker, D., Greenwood, C., Hart, B., & Carta, J. (1994). Prediction of school outcomes based on language production and socioeconomic factors. *Child Development, 65*, 606-621.

이야깃거리를 유아에게 제공하기

언어와 과학의 연계

Sallee J. Beneke, M.Ed.
Michaelene M. Ostrosky, Ph.D.
Lilian G. Katz, Ph.D.
University of Illinois at Urbana-Champaign

4세 정도 되는 유아들이 운동장 나무 아래에 함께 앉아 있었다. 니코는 아이들에게 새 신발의 불빛을 보여 주기 위해 서서 힘차게 뛰어올랐다. 테일러와 딜론도 걸으면 불빛이 나오는 운동화를 신고 있었다. 그들은 함께 점프하기 시작했다. 그들의 선생님인 아마야는 유아들이 이런 상황을 재미있어 한다고 알아차리고 그 불빛에 대해 이야기를 나누기 시작했다.

아마야 선생님: 우아! 새 신발이네. 너무 멋있다! 뛸 때마다 불빛이 나오네.
니코: 네, 불빛이 나와요. 보세요. (몇 번 뛴다.)
아마야 선생님: 어떻게 이렇게 될까? 어떻게 불이 켜지지?
니코: 신발이 새것이기 때문이에요.
아마야 선생님: 내 것도 새 거야. 근데 왜 내 것은 불빛이 나오지 않지?

테일러: 그것 때문이 아니라 우리가 뛸 때 불빛이 나오는 거예요. (몇 번 열심히 뛴다.)

아마야 선생님: (몇 번 열심히 뛴다.) 그래? 근데 왜 내가 뛸 때는 불빛이 나오지 않지? 이상하네…….

딜론: 아니에요, 아니에요, 아니에요. 선생님 신발에는 이런 구멍이 없어요. (신발의 파인 곳을 가리킨다.)

아마야 선생님: (자기 신발의 파인 곳을 가리키며) 나도 구멍이 있어. 근데 내 신발은 여전히 불빛이 나오지 않아. 그리고 존도 운동화에 구멍이 있지만 역시 불빛이 나오지 않아. 왜 그런 건지 궁금하네.

에밀리: 건전지가 필요한 것 같아요. 맞아, 건전지가 필요해요.

니코: 네, 신발에 불빛이 나오게 하려면 건전지가 필요해요. (잠시 생각한 후에) 근데 전 신발을 신을 때 건전지를 못 봤어요.

에밀리: 건전지는 신발 바닥에 있는 것 같아요.

테일러: 저는 제 발아래에 건전지가 있다고 안 느껴져요.

아마야 선생님: 우리가 어떻게 이것에 대한 해답을 찾을 수 있을까?

이 사례에서 아마야 선생님은 생각을 요하는 의미 있는 대화 속에서 특정한 과학 현상을 향한 유아의 호기심을 잘 활용했다. 이 사례는 유아원 교실에서 어떻게 언어와 과학이 연결될 수 있는지를 잘 보여 주고 있다.

언어와 과학의 연관성

미국의 43개 주에는 현재 5세 이하의 유아들을 위한 조기교육 표준이 있으며(Neuman & Roskos, 2005), 7개 주도 현재 그러한 표준을 마련하는 중이다. 그러나 이렇게 많은 주에서 조기교육 표준을 제시하고 유아원에서 그 표준을 이행하고 있지만 여전히 많은 교사들이 유아의 다양한 능력 수준과 다양한 문화적 배경 때문에 당혹스러워한다(Hatch, 2002). 현재 텍사스 주에만 영어가 제2의 언어인 유아를 위한 지침이 마련되어 있을 뿐 다른 주는 이에 대한 구체적인 지침을 제시하고 있지 않다(Scott-Little, Kagan, & Stebbins Frelow, 2003). 마찬가지로 일부 몇 개 주에서만 장애를 가진 아동을 위한 표준을 제공하는 상황이다.

언어와 문식성 영역은 조기교육 표준에 포함되는 가장 보편적인 영역이며(Scott-Little et al., 2003, p. 26), 유아에게 가장 우선적으로 가르쳐야 하는 부분으로 여겨지고 있다(Neuman, Roskos, Vukelich, & Clements, 2003; Ruhland, 2001). 이러한 까닭에 교사는 유아원 교실에서 언어 활동의 계획과 실행에 중점을 두고 있지만, 반면에 과학 시간은 너무 적게 할애되는 경향이 있다(Worth & Grollman, 2003, p. xvi). 그러나 과학 개념을 탐구하는 직접경험 활동은 비장애유아에게는 물론 제2의 언어로 영어를 배우는 학습자나 장애를 가진 유아에게도 문식성 발달에 있어 좋은 환경을 제공한다는 점을 기억해야 한다.

최근의 연구들은 유아의 언어 기술 발달에 있어 즉흥적인 대화

(unplanned conversation)의 중요성을 보고하고 있다(Hart & Risley, 1999). 유아기에 이루어지는 과학 활동은 언어와 문식성 학습을 지원하는 잠재력을 가지는데, 이것은 '실제 사물'을 직접 사용하기 때문이다(Conezio & French, 2002). 과학적 내용은 유아에게 듣고, 말하고, 쓰고, 탐구할 거리를 제공해 준다. 유아는 과학 시간을 통해 직접적이고 다양한 활동을 하면서 언어와 문식성 기술을 확장하는 많은 기회를 가질 수 있다. 일리노이 주의 조기교육 표준(Illinois State Board of Education, 2002)과 구어와 관련된 표준(예, 듣기, 말하기, 질문하기)을 보면서 이러한 표준이 어떻게 과학교육을 통해 달성될 수 있는지 알아보자.

듣기, 말하기 그리고 질문하기

일리노이 주의 조기교육 표준(Illinois State Board of Education, 2002)에는 듣기, 말하기 및 질문하기와 관련된 다섯 가지 준거가 포함되어 있다.

- 대화하는 내용을 이해하며 듣기
- 바라는 것, 자신의 생각에 관해 말하기
- 탐구 활동을 통해 질문의 답 알아보기
- 새로운 정보에 이전 지식 관련시키기
- 다른 사람들과 정보 교환하기

이러한 준거에 도달하기 위하여 교사가 과학 활동을 활용할 경우

언어 발달의 기회가 증가한다. 그리고 유아의 흥미에 기초한 활동은 학습 동기를 유발한다(Bredekamp, Knuth, Kunesh, & Suylman, 1992, p. 16). 이때 그 주제가 유아에게 실제적이며, 의미 있을 때 유아는 더 많이 이해하며 들을 수 있게 된다. 과학 활동은 유아의 일상적인 삶과 환경에 대해 유아로 하여금 더 많이 생각하고 확인하게 하는 좋은 방법이다(Conezio & French, 2002). 어떠한 현상이 왜 그러한지 알아보고 조사하는 과정은 유아에게 동기를 제공하며 의미 있는 활동이 된다. 그래서 학자들은, 모든 유아는 타고난 과학자이자 탐구자라고 말한다(Gopnik, 1999).

유아는 일반적으로 호기심이 많고, 자신의 감각과 언어를 가지고 주변 환경을 탐구하면서 세상에 대해 배운다(Wells, 1986). 과학적 개념, 즉 원인과 결과의 관계, 생물과 무생물 혹은 물질의 특질의 변화와 같은 것을 탐구하면서 유아는 흥미가 유발되고, 자신의 요구와 생각을 말하는 동기가 형성된다(Conezio & French, 2002). 질문의 답을 알아 가는 탐구 활동과 같은 과학 경험을 통해 유아의 지적 호기심이 충족되고, 새로운 질문이 생겨나며, 현상을 이해하려는 동기가 유발된다. 또한 유아의 호기심에 가치를 두고 또래 유아들과 함께 적극적으로 탐구할 수 있는 환경을 조성해 주면, 유아 간에 원만한 유대감이 형성되기 쉽다.

유아는 관찰하고 가설을 세우고 예측하고 실험하면서 지식과 기본적인 개념을 이해하게 된다(Bowman, Donovan, & Burns, 2000). 또한 자신의 능력에 대해 자신감을 갖게 되고, 자신의 생각과 지식에 대해 다른 사람과 더 많은 대화를 나누려고 한다. 유아는 새로운 생각을 더 열심히 탐구하고 싶어 하고, 새롭게 알게 된 개념이나 지식을 자신이 이미 알고 있는 것에 연관시키게 된다(Dickinson, 2001a).

이 논문의 목적은 유아의 탐구와 토론을 지지해 주고 언어와 문식성을 과학과 연결시키기 위해 어떻게 교실 환경을 구성하고 준비하는지에 관한 정보를 교사에게 제공해 주기 위함이다. 자세히 말하면, 문식성과 과학 내용이 풍부한 환경(코너 혹은 센터)을 만드는 데 필요한 지침과 과학 주제를 개발하는 데 필요한 정보를 제공하고자 한다. 우선 언어와 문식성 그리고 과학의 연결에 대한 의미부터 상기해 보자.

언어, 문식성 그리고 과학의 연결

유아는 과학적인 방법을 사용하여 실험을 수행함으로써 과학에 대한 지식을 가장 잘 습득할 수 있다. 예를 들어, 아마야 선생님의 유아원 학급에서 유아는 자신의 발이 바닥에 닿을 때 신발에 불이 켜지는 것을 발견한다. 이 현상을 통해 유아는 발이 바닥에 닿을 때마다 불빛이 나오는 것을 보고 현상에 대한 원인과 결과를 이해할 수 있게 된다. 그런데 아마야 선생님이 자신의 발을 바닥에 콩콩 찍어 보이면서 신발에 불이 켜지지 않는다고 지적하며, 유아들로 하여금 자신들이 세운 첫 번째 가설에 문제가 있음을 인식하게 한다. 첫 번째 가설에 이의를 제기하였을 때, 유아는 새로운 가설을 제시하였다. 어떤 신발에는 건전지가 들어 있는데 이것이 신발의 불빛을 만든다는 가설이다. 그때 아마야 선생님은 이 가설을 실험해 보라고 제안한다. 그녀가 제안한 과학 활동은 건전지의 기능에 대해 유아가 알도록 하는 것뿐만 아니라 의미 있는 활동을 통하여 유아가 자연스럽게 언어 기술을 확장하여 적용하는 기회를 제공한다. 아마야 선생님은 대집단 시간에 다음과 같은 토론을 시작한다. 그리고 이와 연관된 활동이 코너(센터)와 같은 선택 영역 활동 시간에도 계속된다.

불빛이 나오는 신발을 분해하는 활동이 선택 활동 시간에 과학 영역에서 실시되었다. 아마야 선생님은 홍미를 보이는 유아들에게 차례를 지켜 작은 톱으로 신발 바닥을 자를 수 있도록 허락하였다. 이윽고 유아들은 신발 바닥 안에 있는 작고 하얀 플라스틱 상자를 발견하게 되었다. 유아들은 서로 흥분하며 크기, 모양, 상자의 기능에 대해 이야기하였다. 아마야 선생님은 절개된 신발에 대한 유아의 코멘트를 차트에 기록하였다. 아마야 선생님은 유아들에게 건전지의 기능에 대해 어떻게 생각하는지 질문하였다. 그녀는 유아들이 예측한 내용을 기록하였다. 아마야 선생님은 유아들에게 건전지가 어떻게 기능하는지 설명해 주는 책을 찾기 위해 도서관에 가도록 안내하였다.

다음 날, 아마야 선생님은 건전지가 작동하는 여러 가지 기구를 과학 영역에 배치하였다. 그녀는 유아들이 건전지를 뺐다가 다시 낄 수 있도록 하였다. 유아들은 건전지를 가지고 실험하는 동안 서로를 관찰하였다. 활동이 끝날 무렵 교사는 오늘 활동을 통하여 알게 된 내용을 유아들에게 질문하고, 그들이 답한 내용을 적었다. 특히, 유아가 새롭게 알게 된 지식은 다른 색깔의 펜으로 써서 좀 더 주목할 수 있도록 도왔다.

이 사례에서 유아가 관찰하고, 가설을 세우고, 계획하고, 실험을 실행하는 과정에 참여할 때, 유아는 듣고 다른 사람과 의사소통하고 탐구하는 활동을 통해 답변을 모색하고, 이전 지식을 새로운 지식에 연결시키게 된다. 과학 활동 중에 토론하고 탐구하는 것은 특히 언어 능력을 확장시킬 수 있는 기회가 된다. 다시 말해서, 과학과 탐구 활동은 유아로 하여금 쓰고, 말하고, 읽고, 생각할 수 있는 기회인 것이다.

왜 과학이 풍부한 환경을 만들어야 하는가

유아원의 교실에는 다양한 영역이 있고, 대부분의 교실에는 극놀이 영역, 가사 영역, 읽기 영역, 이젤이 있는 미술 영역, 블록 영역, 물과 모래놀이 영역, 바닥에서 장난감을 가지고 놀 수 있는 영역 그리고 손으로 뭔가를 조작하는 활동 영역 등이 포함되어 있다. 그러나 과학 영역은 있어도 무척 소소하거나 아니면 거의 없는 경우가 많다. 왜 그러한지에 대한 이유를 묻는다면, 교사들은 이와 같이 말할지도 모른다. "과학은 교실 전반에서 일어날 수 있잖아요. 유아가 미술 영역에서 물감을 섞을 때 화학적 작용이 일어나고, 블록 영역에서 쌓기를 할 때 물리적 현상이 일어나지요. 그리고 유아가 교실에 있는 애완견을 돌볼 때 생물학을 학습하고요. 그런데 왜 굳이 교실에 과학 영역을 별도로 두어야 하나요?" 물론 맞는 답변일 수 있다. 그러나 이러한 교사들은 잘 계획된 과학 영역이 유아의 언어와 문식성 능력은 물론 다른 기술을 얼마나 그리고 어떻게 발달시키는

지 잘 모르고 있을 수 있다.

과학 영역

교실에서 흔히 볼 수 있는 과학 영역은 유아의 과학 학습과 관련된 사물과 도구로 구성되어 있음을 알 수 있다(예, 확대경, 솔방울이 든 바구니, 조개 상자, 자석 뭉치)(Conezio & French, 2002). 이러한 사물과 도구는 해가 바뀌어도 별로 변함이 없다. 또한 교사는 유아가 학습할 필요가 있는 과학 개념이나 기술에 대해 잘 알지 못하는 경향도 있다. 그래서 교사들은 전형적인 자료나 도구를 그냥 비치할 뿐이다. 또 유아 교사들은 이러한 과학 영역을 그저 '과학 박물관'이라고 칭하는 경우가 많다.

그러나 과학 영역은 유아가 발견하고 탐구하는 것을 격려하도록 구성되어야 하고, 다른 수업 시간에 토론했던 내용을 직접 실험할 수 있는 교재를 포함해야 한다. 유아가 편리하게 사용할 수 있는 자료, 언제든지 탐구할 수 있는 안락한 공간, 다른 아이들과 상호작용할 수 있는 기회 등을 포함할 수 있어야 한다. 과학 영역은 어떤 주제에 대해 유아가 함께 연구하고 확인할 수 있는 공간이 되어야 한다. 혼자 하는 활동보다는 소집단으로 함께할 수 있는 환경이 더 바람직하다. 소집단 구성은 유아의 구어 발달과 연습을 위한 효과적인 환경을 제공한다(Dickinson, 2001a). 또한 인지적 과제의 수행에 있어서 보통의 인지 수준을 가진 유아는 좀 더 수준 높은 사고를 하는 또래와의 상호작용을 통해 그 수준이 향상될 수 있다고 알려져 있다

(Katz, Evangelou, & Hartman, 1999). 유아는 과학 영역의 준비된 환경에서 자료를 탐구하는 가운데 다른 사람들과 협력적으로 작업할 수 있게 된다. 유아는 다른 유아들 또는 교사와 토론하면서 자신이 활동한 것에 대한 이해를 경험한다. 교사에 의해서가 아니라 유아가 스스로 과학 영역을 선택할 경우에는 좀 더 적극적으로 활동하고 이해하는 폭이 좀 더 넓어질 것이다.

과학 영역은 사회적 맥락상 언어 학습에 있어 좋은 환경이 된다. 과학 영역에 새로운 재료와 실험을 도입하면 자연스럽게 새로운 어휘를 학습할 수 있다. 예를 들어, 아마야 선생님은 구두 바닥(sole), 충전, 전기, 전류와 같은 새로운 어휘를 사용하여 유아의 언어 발달을 자극할 수 있다. 새로운 단어 학습을 통한 어휘 수준의 향상은 유아의 인지적 성장(Hart & Risley, 1995)과 학령기의 학업의 성공(Dickinson, 2001b)과 밀접하게 관련되어 있다.

과학 영역에서의 언어 촉진을 위한 지침

유아원 교사는 과학 영역에서의 언어 학습을 지지하기 위해 다음의 네 가지 기본 지침, 즉 ① 흥미가 높은 자료의 선택, ② 유아의 신체적 특성을 고려한 물리적 환경 구성, ③ 유아의 대화 확장, ④ 과학적 문제 해결 과정에 대한 시범을 고려해야 한다.

흥미진진한 자료 유아의 학습에 가치 있고 흥미가 높은 자료를 선택한다. 이러한 자료는 안전해야 하며, 가능하면 유아 한 명이 혼자 사용하는 것보다 여러 명이 한 번에 나누어 가며 사용할 수 있는 것이 더 좋다. 경우에 따라서는 동일한 자료를 여러 개 비치하는 것이 필요할 수 있다. 예를 들어, 식물의 잎에서 큰 모충을 볼 때, 여러 개의 확대경을 가지고 각 아동이 함께 관찰하면 그에 대한 대화를 서로 나누기 쉬울 것이다.

물리적 환경 교사는 유아들이 함께 활동에 참여하기 쉽도록 물리적 환경을 구성해야 한다. 몇 개의 의자가 포함된 탁자는 유아가 함께 활동하고 이야기할 수 있도록 도움을 줄 것이다. 교재는 눈에 쉽게 띄도록 낮은 선반이나 탁자에 두어 유아의 관심을 끌도록 고려한다. 작은 조각으로 된 자료일 경우에는 손잡이가 있는 쟁반에 올려놓아 유아가 과학 활동 영역으로 쉽게 운반할 수 있도록 한다.

대화의 확장 복잡하지만 상호작용을 유발하는 대화는 유아가 좀 더 진지하게 활동에 몰입할 수 있도록 도울 것이다. 교사는 우연적 상호작용을 통해 유아가 활동을 지속할 수 있도록 지원해 주어야 한다. 활동에 참여한 유아의 말과 행동은 자신이 들었던 내용이나 경험에 의해 우연하게 나타난다. 말로 할 수도 있고, 몸짓을 통해 나타내기도 한다. 교사는 유아들이 한 우연적인 말이나 행동을 가지고 대화를 시도할 수 있다. 예를 들어, 만약 아마야 교사가 인지 수준이 약간 낮은 유아와 함께 대화한다고 가정해 보자.

아마야 선생님: 우아! 제미스, 신발 멋지네! 제미스가 뛸 때 신발에서 빛이 나오네.

제미스: (고개를 끄덕인다.)

아마야 선생님: 신발에서 빛이 나오게 하기 위해 어떻게 해야 할까?

제미스: 이렇게 하면 돼요. (점프한다.)

아마야 선생님: 우아! 만약에 선생님이 제미스처럼 뛴다면 무슨 일이 일어날까?

제미스: 음…… 볼게요.

아마야 선생님: (점프한다.)

제미스: (머리를 흔든다.) 빛이 안 나와요.

아마야 선생님: 왜 빛이 안 나온다고 생각하지?

제미스: 빛이 없어서요.

아마야 선생님: 저런, 그렇구나! 선생님도 빛이 나오는 신발이었으며 좋을 텐데…….

이 대화에서 유아는 구어 능력의 한계를 가지고 있다. 그래서 아마야 선생님은 유아와의 상호작용의 거리를 좁혔다([그림 1] 참조). 그녀는 우연 학습의 기회를 만들어 상호작용이 연달아 일어날 수 있도록 하였다. 또한 보다 능숙한 유아들이 좀 더 주도적으로 대화를 이끌고, 더 많은 유아들을 대화에 참여시키기 위하여 교사가 참여하는 시간을 줄여 나가는 수업 모형을 사용하는 것도 바람직하다. 교사는 유아들 간의 우연적 상호작용을 보다 증가시키고 같은 형태의 질문과 대답을 반복하는 것을 줄일 수 있어야 한다. 이 사례에서 유아들 간의 상호작용을 증가시키는 것과 함께 대화를 지속한다면, 그것은 다음과 같이 진행될 수 있다.

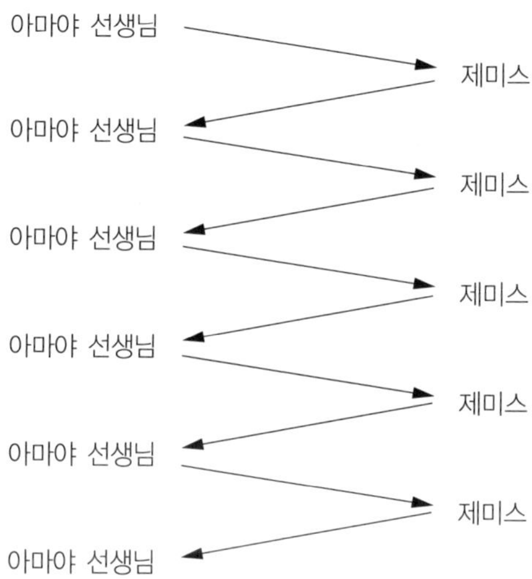

■ 아마야 선생님은 더 유창하게 상호작용하고 대화에 덜 능숙한 유아의 흥미를 유발하기 위해 우연 학습의 기회를 만든다.

[그림 1] 구어가 숙달되지 않은 유아를 위한 대화의 흐름

에밀리: 저는 신발을 엑스레이로 찍어 봐야 한다고 생각해요.

테일러: 네, 저도 그렇게 생각해요.

디론: 안 돼! 우리는 엑스레이 기계가 없잖아.

아마야 선생님: 우리가 해 볼 수 있는 또 다른 것은 뭐가 있을까?

디론: 신발을 잘라 봐요.

에밀리: 좋아, 좋아.

디론: 근데 뭐로 신발을 자르지?

에밀리: 작업실에 톱이 있잖아. 그걸로 한번 잘라 보자.

테일러: 그럼 톱을 찾아보자.

에밀리: 여기 있다.

디론: 좋아. 테일러, 네가 신발을 꼭 붙잡고 있어. 내가 먼저 잘라 볼게.

아마야 선생님은 유아들 각자가 우연 학습을 해내고 있다고 생각했기 때문에 그녀는 이 대화([그림 2] 참조)에서 자신이 유아들과 상호작용하는 대화를 제한하였다.

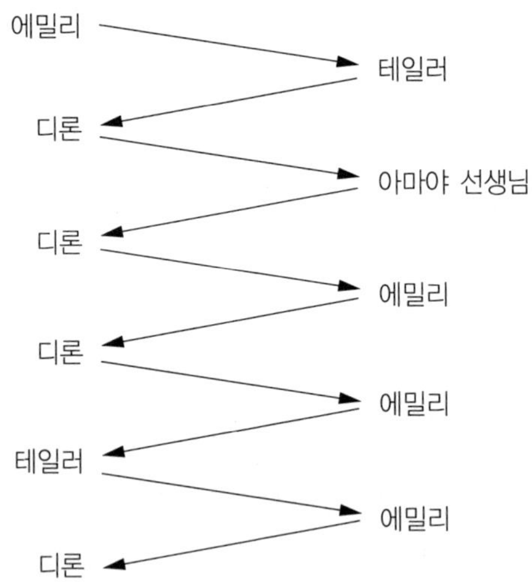

■ 아마야 선생님은 대화에서 자신의 반응을 줄임으로써 유아들 간의 상호작용을 촉진한다.

[그림 2] 또래와의 상호작용을 지지하기 위한 대화의 흐름

과학적 문제 해결 교사가 유아를 관찰하고, 가설을 세우고, 경험하고, '과학자처럼 생각하도록' 격려하고 지원함에 따라, 교사는 유아의 과학과 언어 지식 및 기술을 숙달시킬 수 있으며, 이러한 성향을 강화할 수 있게 된다. 시범을 보이는 것은 어린 유아들에게 이러한 기술과 지식을 습득시키는 데 유용한 수단이다. 또한 교사가 유아를 관찰하고, 유아의 생각을 알기 위해 질문하고, 유아가 더 깊고 폭넓게 생각하도록 돕기 위해 코멘트나 질문을 할 때 매우 신중해야 한다(예, "우리가 ……하면 무슨 일이 일어날까?"). 새로운 어휘의 경우에는 시범을 보이고, 이러한 활동을 통해 언어와 과학을 연결시키는 것으로 수업이 진행된다.

새로운 과학 주제의 도입

유아 전체가 모이는 대집단 활동 시간은 일반적으로 유아 학급 시간의 약 30%를 차지한다(Layzer, Goodson, & Moss, 1993). 따라서 대집단 시간을 잘 계획하여 유아의 사고를 확장시키는 시간으로 활용한다면, 유아에게 매우 유익할 것이다(Dickinson, 2001b). 유아원 교사는 대개 대그룹 활동 시간에 새로운 개념이나 활동을 소개한다. 새로운 과학 자료에 대한 도입이 잘 이루어지면, 유아가 대화 속에서 듣고 참여하는 행동이 증가될 수 있다. 앞의 사례에서도 강조한 것처럼, 언어의 발달을 촉진하면서 새로운 과학 주제를 성공적으로 소개하는 데 도움이 되는 네 가지 지침—흥미진진한 주제의 선택, 실물의 사용, 직접적인 발견 혹은 탐구, 결과에 대한 기록—을 좀 더 자세하게 살펴보자.

흥미진진한 주제의 선택

유아의 환경과 경험 속에서 풍부한 탐구와 실험이 가능하고 토론의 가능성을 가진 흥미 높은 주제를 선택하는 것이 매우 중요하다. 흥미 높은 학습 주제는 교사가 유아의 대화를 듣고 그들이 놀이하는 것을 지켜보는 가운데 찾게 되거나 필요에 따라서 교사가 선택할 수도 있다. 앞의 사례에서와 같이 빛이 나오는 신발의 주제는 유아들의 일상적인 생활(예, 흙, 벌레, 자동차, 식물, 곤충, 물, 자물쇠, 나무, 음식)에서 쉽게 찾을 수 있는 것이다. 이러한 주제는 유아가 과학적으로 조사하도록 이끄는 가치 있는 주제다. 직접 조사하거나 실험하는 기회를 제공하지 않는 주제(예, 학교의 지리학적 위치는 일회적인 조사로 그치기 쉬워서 적절하지 못한 주제임)는 학습에 별로 적절하지 않다. 또한 바다와 같은 주제는 일리노이와 같은 내륙 지역에 사는 유아에게는 적절하지 않은 주제일 수 있지만, 근처에 해안이 있는 곳에 거주하는 유아에게는 적절한 주제가 될 것이다.

실물의 사용

교사가 토론을 시작하기 위해 실제 사물을 교실에 가져온다면 매우 도움이 될 것이다. 예를 들어, 아마야 선생님은 빛이 나오는 신발을 조사하기 위하여 대집단 활동 시간에 빛이 나오는 신발을 가져왔다. 교사가 집단 활동에 유아가 흥미 있어 하는 무언가를 가져왔을 때, 유아의 호기심이 유발되고, 질문과 대답하기, 관찰하기, 가설 설정하기의 과정을 시작할 수 있다. 예를 들어, 교사는 집단 활동 시간에 물에 대한 대화를 하기 위해 수도꼭지를 가져오고, 정원에 대한 대화를 하기 위해 한 줌의 씨앗을 가져오며, 자동차에 대한 이야기를 하기 위해 핸들을 가져올 수 있다.

직접적인 발견 혹은 탐구

교사가 조사해야 할 어떤 정보에 대해 이야기해 줄 때 유아는 경청하는 습관을 형성한다. 유아에게 맥락과 상관없이 매주 습관적으로 어떠한 기술을 반복하여 학습하게 하면, 유아의 참여율은 현저히 낮아질 수밖에 없다(Dickinson, 2001a; NAEYC, 1998; Wells, 1986). 또한 교사가 주제에 맞는 사물을 가져왔다고 하더라도 교사가 그 물건에 대해 설명만 하고 마치게 되면 학습에 좋은 영향을 주지 못한다. 또한 유아의 발달 과정과 수업의 성취 결과에 대한 압박을 받는 교사들은 유아가 스스로 '주제 탐구'를 하도록 돕기보다는 수업 내용을 모두 가르쳤는지를 염려하는 경향을 보인다. 중요한 것은, 유아에게 직접 탐구 및 조사할 기회를 준다면 유아는 대화와 토론에 더 쉽게 참여하게 된다는 것이다.

대집단 활동 시간에 실시한 토론과 그와 관련된 활동을 센터 영역의 소그룹 활동으로 연결했을 때, 유아는 토론에 좀 더 적극적으로 참여하게 된다. 예를 들어, 소그룹 시간에 교사는 빛이 나오는 신발에 대한 대화를 공유하거나 빛이 어떻게 작동하는지에 대하여 각각의 유아에게 질문하고 질문에 대한 답을 웹 차트에 적는다(Beneke,

1998). 어떤 대답이 맞는지에 대한 판단을 하지 않고 유아의 모든 추측을 기록한다. 교사는 차트에 '빛이 나오는 신발'이라는 제목을 표기하고 나중에 토론할 때 다시 언급할 수 있도록 게시판에 붙여 놓는다. 유아는 그들이 아는 것에 대해 이야기할 때, 자신만의 지식이나 경험뿐만 아니라 공통적으로 가졌던 많은 경험에 대해서 발견한다. 교사는 유아 간의 상호작용을 격려하고, 유아가 이러한 발견을 공유하도록 지원한다.

아마야 선생님은 유아들에게 신발에서 빛이 나오는 원인을 그들이 어떻게 알 수 있는지에 대해 질문한다. 신발을 잘라 봄으로써 알아낼 수 있다고 유아들은 말한다. 그러자 아마야 선생님은 아이들에게 내일 불빛이 나오는 신발을 가져오겠다고 말한다. 선생님은 유아에게 신발 속에서 무엇을 찾게 될 것인지를 물어본다. 그리고 그들의 예측을 웹 차트 게시판 옆에 전시하기 위해 큰 종이에 기록한다. 유아는 이러한 과정을 통해 예측 활동을 경험하게 된다. 다음 날 유아들이 모였을 때, 그들이 신발 속에서 찾은 것에 대해 토의하고 활동을 통해 알게 된 지식을 차트에 추가하여 적는다.

결과 기록

아마야 선생님의 사례에서처럼, 유아들이 실시한 조사의 결과를 기록하는 것을 통해 유아들의 생각에 대한 교사의 관심을 표현하고 유아의 활동에 대한 존중을 나타낼 수 있다. 유아가 선택 활동 시간에 결과에 대한 내용을 주고받는 것은 매우 중요하다. 더 많은 흥미를 유발하고 새로운 어휘를 소개하기 위해, 교사는 과학 영역에 『건전지, 전구, 전선(Batteries, Bulbs, and wires)』(Glover, 2002)과 같은 비소설 책을 비치한다. 유아가 과학 영역에서 그들이 스스로 하는 탐구 활동으로부터 더 많은 결과를 도출해 낼 때, 그 결과를 차트에 추가한다. 결과 기록 활동은 유아로 하여금 교사가 자신들의 생각에 관심을 가지고 있다고 느끼게 해 주고, 유아의 활동을 좋아하고 존중한다는 메시지를 은연중에 전달받는 효과를 가져온다. 유아가 구어적 상호작용에 좀 더 성공적으로 참여할 때, 미래에 하게 될 다양한 상호작용 활동에 참여하는 계기가 마련될 수 있다.

결 론

재미있는 과학 활동은 과제에 집중하기 어려운 유아의 관심을 유도하기에 효과적이다. 아마야 선생님은 유아가 토론하고, 공부하고, 가설을 만들고, 경청하고, 직접 활동에 참여하고, 다시 논의하고, 학습을 요약하는 기회를 제공해 주기 위하여 의미 있는 과학 주제를 선택하였다. 이러한 활동은 유아의 듣기, 말하기, 질문하기 수준이 숙달되도록 돕는다. 교사는 유아의 타고난 호기심을 이해하고 유아의 활동을 잘 관찰하고 경청하여 유아의 환경 및 경험과 활동 주제를 연결시킬 수 있어야 한다. 그렇게 할 때 유아원 교실에서 언어와 과학을 자연스럽게 연결시킬 수 있게 된다. 이러한 자연스러운 연결을 통해 교사는 좀 더 효율적이고 빈번하게 과학적인 내용을 소개할 수 있고, 유아가 좀 더 원활하게 상호작용할 수 있도록 도와주게 된다.

주

Michaelene M. Ostrosky: ostrosky@uiuc.edu

참고문헌

Beneke, S. (1998). *Rearview mirror reflections on a preschool car project.* Champaign, IL: Early Childhood and Parenting (ECAP).

Bowman. B. T., Donovan, M. S., & Burns, M. S. (Eds.) (2000). *Eager to learn.* Washington, DC: National Academy Press.

Bredekamp, S., Knuth, R. A., Kunesh, L. G., & Suylman, D. D. (1992). *What does research say about early childhood education?* Oakbrook, IL: North Central Regional Education Laboratory (NCREL).

Conezio, K., & French, L. (2002). Science in the preschool classroom: Capitalizing on children's fascination with the everyday world to foster language and literacy development. *Young Children, 57*(5), 12-18.

Dickinson, D. K. (2001a). Putting the pieces together: Impact of preschool on children's language and literacy development in kindergarten. In D. K. Dickinson & P. O. Tabors (Eds.), *Beginning literacy with language* (pp. 257-287). Baltimore: Paul H. Brookes.

Dickinson. D. K. (2001b). Large group and free-play times: Conversational settings supporting language and literacy development. In D. K. Dickinson & P. O. Tabors (Eds.), *Beginning literacy with language* (pp. 223-255). Baltimore: Paul H. Brookes.

Glover, D. (2002). *Batteries, bulbs, and wires: Yourg discoverers' science facts and experiments.* New York: Kingfisher Press.

Gopnik, A. (1999). *Scientist in the crib: Minds, brains, and how children learn*. Marietta, GA: Active Parenting Publications.

Hart, B., & Risley, T. (1999). *The social world of learning to talk*. Baltimore: Paul H. Brookes.

Hart, B., & Risley, T. (1995). *Meaningful differences in the everyday experiences of young American children*. Baltimore: Paul H. Brookes.

Hatch, A. J. (2002). Accountability shovedown: Resisting the standards movement in early childhood education. *Phi Delta Kappan, 83*, 457-462.

Illinois State Board of Education, Division of Early Childhood (2002). *Illinois early learning standards*. Springfield, IL: Author.

Katz, L. G., Evangelou, D., & Hartman, J. A. (1990). *The case for mixed-age grouping in early childhood education*. Washington, DC: National Association for the Education of Young Children (NAEYC).

Layzer, J. I., Goodson, B. D., & Moss, J. (1993). *Life in preschool: Vol. 1. Final report to the U. S. Department of Education*. Cambridge: Abt Associates.

National Association for the Education of Young Children (NAEYC) (1998). Learning to read and write: Developmentally appropriate practices for young children. *Young Children, 53*(4), 30-46.

Neuman, S. B., & Roskos, K. (2005). The state of state prekindergarten standards. *Early Childhood Research Quarterly, 20*(2), 125-145.

Neuman, S. B., Roskos, K., Vukelich, C., & Clements, D. (2003). *The state of state prekindergarten standards in 2003*. Ann Arbor, MI: Center for the Improvement of Early Reading Achievement (CIERA). Retrieved February 27, 2005, from http://www.ciera.org/library/archive/2003-01/.

Ruhland, J. R. (2001, September 4). President's column: Early childhood education should be a national priority. *School Board News*. Retrieved

February 26, 2005, from http://www.nsba.org/site/doc_sbn.asp?TRACKID=&VID=58&CID=324&DID=8044.

Scott-Little, C., Kagan, S., & Stebbins Frelow, V. (2003). Creating the conditions for success with early learning standards: Results from a national study of state-level standards for children's learning prior to kindergarten. *Early Childhood Research & Practice, 5*(2), 20. Retrieved February 20, 2005, from http://ecrp.uiuc.edu/v5n2/little.html.

Wells, G. (1986). *The meaning makers: Children learning language and using language to learn.* Portsmouth, NH: Heinemann.

Worth, K., & Grollman, S. (2003). *Worms, shadows, and whirlpools: Science in the early childhood classroom.* Washington, DC: National Association for the Education of Young Children (NAEYC).

유아기 환경에서의 문식성 기술을 위한 사회극 놀이의 활용

Rashida Banerjee, M.S.Ed.
Eva Horn, Ph.D.
University of Kansas

네 살 된 알렉시스는 극놀이 센터(또는 코너)에서 한 손에 연필을 쥐고 종잇조각을 부지런히 들여다보고 있다. 제롬이 알렉시스에게 와서 무엇을 하고 있느냐고 묻는다. 알렉시스는 조급하게 말한다. "아! 날 귀찮게 하지 마. 내일이 맨디의 (인형을 가리키며) 생일이라서 살 것을 적고 있어." "내가 도와줄게." 제롬이 말한다. 알렉시스는 종이를 보고 잠시 생각한 후에 말한다. "알았어, 가게에서 물건을 살 때 날 도와줘. 근데 난 먼저 살 물건의 이름을 적어야 해." 몇 개의 물건의 이름을 빨리 적은 후에 알렉시스는 제롬에게 "이것들이 가게에서 살 물건들이야. 사야 될 게 많으니깐 빨리 사야 해."라고 말하면서 준다. 제롬은 한 손에 종이를 들고 가게로 꾸민 영역을 향해 빠르게 뛴다.

오랫동안 놀이와 문식성 사이의 관계에 대하여 많은 학자들이 관심을 가져 왔다(예, Christensen & Kelly, 2003; Davidson, 1996; Einarsdottir, 1996; Morrow & Rand, 1991; Neuman & Roskos, 1990; Pelligrini & Galda, 1998). 따라서 유아기의 놀이와 문식성 발달의 관계에 대한 많은 연구들이 수행되었다(예, Morrow & Rand, 1991; Neuman & Gallagher, 1994; Neuman & Roskos, 1990; Pelligrini & Galda, 1998; Vedeler, 1997). Roskos와 Christie(2004)는 1992년과 2000년 사이에 발표된 놀이와 문식성 접근에 관한 논문을 정리한 바 있다. 잘 계획된 놀이 환경의 구성을 통해 유아가 놀이를 하게 되면 구어와 쓰기의 표현 방식 간의 관계를 쉽게 이해할 수 있게 되기 때문에 이러한 놀이 활동은 훗날의 문식성 발달에 많은 도움이 된다는 것을 논문을 통해 밝혔다.

이 논문의 목적은 교사들에게 문식성과 놀이, 특히 사회극 놀이 사이의 관계를 이해하는 데 유용한 지침을 제공하는 것이다. 이 논문은 놀이와 사회극 놀이의 차이점을 간단히 정의하면서 시작한다. 이어서 유아의 사회적 놀이의 발달과 이러한 발달이 어떻게 구어 발달에 영향을 미치는지에 대한 설명으로 연결된다. 다음으로, 문식성 활동과 사회극 놀이와의 통합과 이를 위한 교사의 역할에 대한 설명을 제시한다. 이 논문은 초기 문식성을 정의하고, 문식성 내용을 포함한 사회극 놀이 환경을 강화하고자 하는 목적으로 교사들을 위한 구체적인 전략을 제공하면서 결론을 맺는다.

놀이란 무엇인가

유아의 활동을 관찰하는 사람들은 유아의 놀이를 인식할 수는 있으나 정의를 내리는 것은 어렵다고 말한다(Linder, 1993). 놀이를 정의하는 데 있어 가장 공통적인 준거는, 놀이는 어떠한 즉각적인 목적을 위해 이루지는 것은 아니라는 사실이다(Pelligrini & Galda, 1998).

놀이하는 유아는 결과보다는 과정과 도구를 중요하게 생각한다. 예를 들어, 종이 위에 크레용으로 뭔가를 그리고 있는 유아는 종이에 그림을 그리는 것보다 크레용을 쥐고 있다는 것만으로도 행복을 느낄지도 모른다. '결과보다는 과정'이라는 준거뿐 아니라, 학자들은 또한 ① 긍정적 감정, ② 활동적인 참여, ③ 내적 동기, ④ 외부 규칙의 제한(규칙이 거의 없음), ⑤ 비실제성(nonliterality)(Garvey, 1990; Rubin, Fein, & Vanderberg, 1993) 등의 준거에 따라 놀이를 정의한다.

긍정적인 감정 혹은 즐거움은 유아의 웃음, 미소, 신호, 즐거움의 표현을 통해 명확하게 관찰할 수 있다(Schaefer, 1993). 성인과 마찬가지로 유아는 즐거운 활동을 찾으며, 유아의 즐거운 감정은 활동을 지속시킨다. 유아의 즐거움은 활동 참여에 대한 열중 혹은 깊은 몰입과 연결된다. 즐거운 놀이는 유아의 관심을 온통 빼앗는다. 즐거움과 몰입은 아마도 놀이에 있어서 가장 자주 거론되는 준거로서 내적 동기라는 준거다(Garvey, 1990). 놀이는 또한 자발적이다. 놀이는 외부적인 목표가 아니라 내재적 동기를 지닌다. 또한 놀이는 그것이 끝났을 때 나타나는 결과보다는 과정을 즐기게 한다. 뿐만 아니라 놀이를 하면서 유아는 각자의 역할, 놀이의 시작, 구성, 놀이에서 허용되는 행동에 대한 규칙을 스스로 만들기도 한다(Fein, 1981). 마지막으로, 비실제성은 놀이와 상상 혹은 가상에 내재하는 현실과의 차이를 의미한다(Howes, 1992; Singer & Singer, 1990). 상상 놀이 세계를 통해 유아는 현실에서 벗어나고, 한계를 뛰어넘고, 그들이 하는 것 이상을 지배해 보는 경험을 할 수 있다.

예를 들어, 이 논문의 사례에서 유아는 놀이가 누구에 의해서 제안된 것이 아니라, 스스로 놀기를 선택하여 놀이에 참여한 것을 볼 수 있다. 앞의 사례에서는 두 유아가 놀이에 대한 통제력을 보이고 있다는 것을 알 수 있다(한 명은 다른 한 명보다 더 통솔력을 보이고 있다). 놀이에서 교사들의 직접적인 간섭은 없었다. 유아가 그들 스스로 내부의 현실을 창조한다. 파티 준비를 위해 '쇼핑'하고 계획하는 것이 놀이를 통해 나타난다.

"놀이는 선택하고, 행동하고, 문제를 해결하는 연습의 과정이다" (Jones, 2003, p. 32). 유아는 놀이함으로써 생각하고, 혁신하고, 협상하고, 위험에 맞서는 기술을 연마하게 된다. 그들은 규칙을 정하고, 장애물에 직면하면서, 새로운 과제를 학습한다. 유아가 놀이에 착수하고 놀이를 지배하는 동안에 교사는 유아에게 필요한 낱말과 활동의 구어적 지식을 제공해 주고 세심하게 관찰함으로써 놀이와 학습 모두를 지지하게 된다.

사회극 놀이란 무엇인가

상상 놀이, 상징 놀이, 극 놀이 그리고 사회극 놀이는 표지 사진의 놀이 유형을 설명해 주고 있다(Pelligrini & Galda, 1998). Piaget (1962)는 인지 발달의 여러 단계가 다양한 놀이 유형에 의해서 특징지어진다고 하였다. 피아제의 인지 발달단계에서 전조작기는 상징놀이나 무엇인가를 나타내기 위해 어떠한 사물을 사용하는 유아들의 활동이 특징적으로 나타나는 단계다. 유아의 내적 상징물의 묘사로서 어떠한 사물이 또 다른 것을 표현하기 위해 사용된다(예, 작은 블록은 자동차를 의미함). 이후의 상징적 놀이는 앞의 사례에서와 같이 "오, 날 귀찮게 하지 마. 내일은 맨디의 생일이야."라고 알렉시스가 말하였을 때처럼, 사물의 도움 없이 말만으로도 나타날 수 있다. 놀이에도 물론 규칙이 있다. 그러나 이러한 규칙이 놀이의 일부로 만들어지며, 놀이가 진행됨에 따라 규칙이 변하기도 한다(Pelligrini & Galda, 1998).

영향력 있는 심리학자인 Smilansky(1968)는 놀이에 대한 피아제의 연구를 확장하였고, 사회 맥락에서 놀이라고 정의되는 '사회극 놀이(sociodramatic play)'라는 용어를 만들었다. Smilansky에 따르면, 사회극 놀이를 정의할 때는 여섯 가지 특성—① 가상적인 사물(예, 나무 블록을 자동차처럼 사용하는 것), ② 가상의 역할(예, 강아지, 고양이, 선생님인 척 가장하는 것), ③ 가상의 상황(예, 상자가 집인 것처럼 상황을 만드는 것), ④ 도전적인 상황에서도 놀이를 유지하는 것(예, 사례에서 알렉시스가 놀이할 때 제롬의 방해에 화를 내는 대신에 그를 참여시키는 방법을 찾는 것), ⑤ 놀이의 맥락에 적합한 언어의 활용(예, 유아가 어머니처럼 말하는 척하는 것, "나는 식료품 가게에 가고 있어. 아기 음식이 다 떨어졌거든."), ⑥ 놀이하는 동안의 사회적 상호작용(예, 병원이라고 가정하고, 유아가 환자의 역할을 하는 유아에게 묻기, "오늘은 좀 어떠세요?")— 이 포함된다고 하였다.

Smilansky에 따르면, 극 놀이가 ①~④의 특성만 포함한다면, 사회극 놀이는 마지막 두 가지가 더 있는 것이라고 규명하였다. 사회극 놀이에서, 유아는 대본을 만들어 그것대로 극을 하는 것이 아니라, 특이하고 창의적인 생각으로 나름의 이야기를 만들어 나간다. 유아는 제스처와 언어를 사용하는데, 때로는 말이 애매모호하거나 전달에 어려움을 보이기도 한다(Singer & Lythcott, 2004). 이러한 놀이 형태는 유아원 기간 동안에 매우 빈번히 일어나며, 이 시기의 유아의 행동에 있어서 중요한 특성으로 간주된다.

극 놀이와 사회극 놀이라는 용어는 여러 문헌에서 거의 동일한 의미로 활용되고 있으나, 이 논문에서는 좀 더 명료하게 사회극 놀이를 정의하기 위하여 규명하였고, 이를 위하여 Smilansky(1968)의 사회극 놀이의 정의를 활용하였는데, 앞서 언급한 여섯 가지 특성을 모두 포함한다.

유아의 사회극 놀이의 발달

유아가 성장함에 따라 놀이의 질도 높아진다(Davidson, 1996). 2세 유아의 놀이는 비교적 단순하다. 유아는 먹고 자는 것과 같은 가상 행동은 취하지만, 가상의 역할에 대한 행동은 보이지 않는다. 이 시기의 유아는 다른 유아에 대한 존재를 인식하고 좋아하지만 사회적 상호작용은 거의 하지 않는다. 3세 유아의 놀이 주제는 집과 지역사회에서 하는 일상적인 활동에 관한 것으로 좀 더 구체적으로 표현된다. 3세 유아는 가상의 역할을 놀이에 포함시키지만 가상의 역할은 유동적이고 상황에 따라 쉽게 변한다. 그리고 하나의 공간에 여러 개의 주제가 한 번에 나타나기도 한다. 예를 들어, 어머니가 된 유아가 인형에게 음식을 준다. 그다음에는 모자를 쓰고 아버지처럼 회사에 갈 준비를 한다. 언어는 3세 유아의 놀이에서 중요한 역할을 하며, 대화를 통하여 역할을 선택하고, 각자의 역할을 취할 수 있게 된다.

4세 유아의 놀이는 좀 더 사회적인 놀이가 되며, 놀이 안에서 역할을 하는 친구들과의 상호작용이 좀 더 오랫동안 유지된다 (Davidson, 1996). 놀이 주제를 보면 익숙한 것이기는 하나 가정과 지역사회에 대한 주제에서 좀 더 확장되어, 텔레비전에 나오는 각본, 음식점 혹은 식료품 가게 등이 포함되어 다양하게 나타난다. 그리고 4세 유아는 신체적인 활동보다는 언어를 더 많이 활용하는 것으로 놀이의 방향을 정한다. 유아가 5세가 되면, 놀이에서 여러 역할이 등장하고 상상 속의 주제가 발달되는데, 놀이가 시작되면 며칠 동안 계속되기도 한다. 5세 유아는 그들의 역할 놀이에서 발생하는 다양한 문제들을 쉽게 다루며 놀이를 계속 유지할 수 있다. 또한 5세 유아는 놀이에서 더 많은 사람들과 더 다양한 역할을 포함시킨다.

유아가 성장하고 발달함에 따라, 같은 연령대라고 해도 개인적인 놀이 수준에서 큰 차이를 보일 수 있다. Jones와 Reynolds(1992)는 스스로 시작한 즉흥 드라마를 만들고 상징적 표현을 잘 나타내는 기술을 가진 유아들을 묘사하기 위해 '놀이의 달인(master players)'이라는 용어를 사용하였다(p. 1). 교사는 다른 발달 영역과 마찬가지로, 유아의 극 놀이 발달을 촉진하기 위하여 유아가 보이는 강점과 요구 사항을 잘 이해할 수 있어야 한다.

유아 발달에서 사회극 놀이의 역할

놀이는 특정한 목적을 가지고 이루어지는 것은 아니지만, 유아들의 발달에 중요한 기능을 한다(Davidson, 1996). 특히, 사회극 놀이는 사회-정서, 인지, 언어, 신체 발달을 포함하는 전 영역에서의 발달을 향상시킨다. 그리고 유아는 이러한 놀이를 통해 가장 높은 발달 수준까지 도달할 수 있다(Vygotsky, 1977).

사회-정서 발달

유아의 세계에서는 자신이 가지는 통제력이란 거의 미미하다. 그러나 이러한 유아에게 사회극 놀이는 통제력을 경험할 수 있도록 해준다(Davidson, 1996). 사회극 놀이는 유아로 하여금 자신의 삶에 있어서 중요한 다른 사람(예, 부모, 교사)의 역할을 할 수 있게 해 준다. 유아가 그들 스스로 풀 수 없는 문제에 직면했을 때, 부모나 교사의 도움이 필요할 수 있다. 사회극 놀이를 통해서 유아는 협력과 자기통제 및 갈등 관리의 중요성에 대해 배울 수 있다(Thompson,

2004). 유아는 또한 놀이를 통해 그들 스스로에게 좋은 느낌을 가지며, 공포나 근심, 다른 부정적인 감정을 스스로 다룰 수 있도록 배울 수 있다. 그리고 놀이는 차례 지키기, 규칙 따르기, 감정이입, 자기통제와 같은 사회적 기술의 발달에도 기여한다고 한다(Howes, 1992).

인지 발달

사회극 놀이는 유아가 조정할 수 있는 범위 내에서 사건, 인물, 사물에 대한 이해를 탐색하게 한다(Pelligrini & Galda, 1998). 그리고 유아의 사고와 학습을 격려한다(Thompson, 2004). 놀이는 고정되어 있지 않다. 유아가 놀이에 계속 참여하는 동안 "그들의 스키마(schema) 혹은 그들이 벌이고 있는 사건에 대한 개념을 다시 변형하고 적용한다" (Davidson, 1996, p. 6). 유아는 다른 사람들의 행동을 모방하고 놀이하는 동안 환경을 탐색한다. 모방과 탐색은 초기 지식의 형성을 위한 두 가지 중요한 원천이다(Thompson, 2004). 유아가 성장하고 다양한 일상을 경험함으로써 놀이에도 이러한 경험이 반영된다. 예를 들어, 한 남자아이는 자기네 개가 이웃집 개를 쫓는 것을 연기하며 같은 학급에 있는 다른 유아들을 쫓아다니고 있다. 유아는 사회극 놀이를 하면서 새롭고 창의적인 생각을 가지고 문제해결, 협상, 계획 그리고 미래의 준비 등을 학습하게 된다.

언어 발달

상징 놀이에서 정확하고 세련된 요소들이 포함된 언어를 사용함으로써 유아는 언어를 확장하거나 연습하는 기회를 갖는다. 이야기 구조나 언어학적인 요소는 학교에서의 문식성 관련 수업이나 읽기 수업에서 근본적으로 요구되는 중요한 요소다(Christensen & Kelly 2003; Pelligrini & Galda, 1998). 사회극 놀이 동안에 유아는 계획하고, 협상하고, 구성하고, 그들의 생각을 실행에 옮김으로써 다른 유아들과 상호작용하고, 새로운 언어를 사용할 수 있게 된다. 앞의 사례에서 알렉시스와 제롬은 알렉시스 인형의 생일 파티를 계획하였다. 그들은 그 계획에 맞추기 위해 주변 상황을 구성하였다.

신체 발달

유아는 '모방하기'를 하면서 대근육과 소근육 운동 기술을 연습할 수 있는 기회를 가진다(Garvey, 1990). 예를 들어, 유아들이 인형에게 옷을 입히기 위해 옷의 단추를 채울 때, 연필을 쥐고 살 품목의 목록을 만들 때, 혹은 주방에서 음식을 준비할 때, 그들은 소근육 운동 기술을 연습하게 된다. 그리고 경찰이 되어 도둑을 쫓는 흉내를 내는 동안, 그들은 대근육 운동 기술을 연습할 수 있다.

초기 문식성이란 무엇인가

초기 문식성(early literacy)의 개념은 읽고 쓰는 것과 관련된 유아의 경험을 통해 형성되는데, 가정이나 이웃에서 본 인쇄물에 대한 경험도 포함된다(Smith, 1989). 초기 문식성 발달은 출생 후 얼마 되지 않아서부터 시작된다. 문식성이 초등학교 1학년부터 시작된다는 과거의 믿음과는 달리, 유아는 모든 삶 속에서 문식성을 경험하고 발달시킨다고 한다. 글이라고 하는 것은 말하기에 기초를 두기 때문에, 말하기와 대화 경험을 가진 유아는 미래의 읽기 발달을 지지할 수 있는 필수적인 지식을 쌓게 되는 셈이다(Christensen & Kelly, 2003). 유아는 가족과 교사 그리고 많은 또래들과의 상호작용을 통해 일상의 활동에 대해 말하고 경험할 수 있다(Hart & Risley, 1999). 읽기 능력은 구어가 우선 전제되어야 한다. 예를 들어, 유아는 하나의 낱말이 몇 개의 음소로 분리될 수 있다는 것을 배운다. 그리고 이것은 유아가 낱말을 쓰고 인식하는 능력을 발달시키는 것과 관련이 있다. 읽기와 같이 쓰기나 말하기 능력도 서로 관련된다(Dickinson, 2001).

초기 문식성 능력과 단어의 말소리의 차이를 이해하는 것, 의미의 차이를 이해하는 능력 간에는 높은 상관관계가 있다는 연구 결과가 여러 차례 발표된 바 있다(Dickinson, 2001; Torrance & Olson, 1985). 일상의 대화는 유아로 하여금 언어 기술을 습득하고 사회적으로 중요한 역할을 하게 한다. 또한 경험과 새로운 정보에 관한 대화는 문식성과도 밀접한 연관성이 있다.

초기 문식성과 사회극 놀이의 통합

사회극 놀이를 하는 유아는 읽기에 있어 좀 더 능숙함과 흥미를 보인다(Christensen & Kelly, 2003; Einarsdottir, 1996). 그리고 학령기 직전 유아의 경우 기회가 있는 한 문식성 재료를 놀이에 좀 더 많이 접목시키는 경향을 보인다. Neuman과 Roskos(1990)는 유아의 문식성 활동을 위해 특별히 계획된 인쇄 매체 환경이 유아의 문식성 능력에 미치는 영향에 대한 연구를 실시하였다. 그 결과 잘 조작된 환경이 유아의 읽기와 쓰기 능력에 중요한 영향을 미친다는 결론을 내렸다. Morrow와 Rand(1991)도 유아원 교실의 환경과 교사의 지도 유형이 문식성 발달에 미치는 영향에 대해 연구하였다. 그들은 환경의 중요성뿐만 아니라 문식성 행동을 안내하고 시범 보이는 교사의 역할 또한 매우 중요한 요인임을 알아냈다.

Dickinson과 Smith(1992)는 유아원과 유치원의 유아들이 보인 수준 사이의 상관관계를 알아보는 연구에서, 가상 놀이의 경우 4세보다 3세 유아에게서 더 많이 나타나고, 4세보다는 3세에서 보인 결과와 5세 유아(유치원 시기)의 언어 발달 결과가 밀접한 관계가 있는 것으로 나타났다. 즉, 어린 유아는 대개 성인이 계획한 언어 환경에 완전히 몰입할 수 없다. 그러나 가상 놀이 상황에서는 어린 유아라 하더라도 자연스럽게 초기 문식성 능력을 충분히 연습하고 복잡한 단계로 넘어갈 수도 있다. 반면 4세 정도가 되는 유아는 성인이 구조화한 상황에 다양하게 노출되면 해결을 위해 노력하면서 긍정적인 효과를 가져올 수 있다. 가상 놀이 활동은 유아가 문식성과 관련된 언어 기술을 발달시킬 수 있는 유용한 수단이 된다. 3~4세 교실에서 가상 놀이 활동을 많이 포함시키는 것이 유아가 유치원(5세)으로 전이될 시점에 문식성과 관련된 기술(예, 알파벳 알기, 읽기)을 획득하는 데 직접적인 영향을 미치지 않을 수도 있다. 그러나 가상 놀이는 유아에게 초기 문식성의 발달과 관련된 중요한 언어 기술을 발달시키고 사용하는 기회를 제공하는 이상적인 활동인 것만은 분명하다(Dickinson, 2001).

따라서 사회극 놀이에서 언어와 문식성 발달을 강화하기 위한 두 가지 전략—① 중재자 혹은 조력자로서 교사의 역할, ② 주변 환경의 '언어적 풍요로움'의 강화—을 활용할 수 있다. 다음은 유아의 놀이 발달에 있어서 환경과 교사의 역할에 대해 논의하고 있다. 다음에 제시하게 될 전략과 교사를 위한 팁(tips)은 다양한 연구 결과에 기반한 것이다.

조기교육 교사의 역할

Davidson(1996)은 조기교육 교사의 네 가지 역할에 대해 논의하였다. 참관인, 무대감독, 참가자, 중재자가 바로 그것이다. 참관인으로서, 교사는 놀이 활동을 구성함과 동시에 유아의 현재 발달 수준을 측정하고, 교실을 정돈하고, 교육과정의 주요 측면을 활동에 포함시키고, 유아가 특별히 필요한 부분에 도움을 주어야 하며, 일상의 활동 중에 중요한 측면에 주의를 기울이는 등 동시에 이 모든 것이 가능하도록 수행해야 한다(Jones & Reynolds, 1992). 그러므로 참관인의 역할은 조기교육 교사를 위한 가장 중요한 역할 중 하나다. 교사는 관찰을 통해, 유아가 언제 교사의 도움이 필요한지를 알 수 있고, 유아에게 강한 흥미를 불러일으키는 동기 유발 요소와 어떠한 놀이가 유아의 발달을 위해 확장되어야 하는지를 알 수 있게 된다(Davidson, 1996). 지속적인 관찰은 검사나 표준화된 평가 도구보다 평가를 위한 충분한 행동 표본을 제공한다. 관찰 방식의 평가는 유아의 장애가 아닌 장점에 중점을 두고 있다. 즉, 관찰을 통해 교사는 유아가 할 수 없는 것보다 할 수 있거나 하는 것이 무엇인지를 알 수 있기 때문이다.

연극 무대감독처럼 조기교육 교사의 무대감독으로서의 역할은 유아의 사회극 놀이를 가능하게 한다(Davidson, 1996). 무대감독으로서, 교사는 유아에게 필요한 소품을 준비해야 하는데 휠체어와 같은 보조도구를 이용하는 유아들을 포함하여 모든 유아가 불편 없이 주위를 돌아다닐 수 있는 공간을 우선 제공해 주어야 한다.

배우 또는 참가자로서 교사는 유아들이 벌이는 극 놀이 상황에서 적극적인 역할을 할 수 있어야 한다. 특히, 자발적으로 극 놀이 활동을 시작하고 유지하는 데 어려움을 가지는 유아들을 위해서 좀 더 적극적인 배우의 역할을 수행할 수 있어야 한다(Christensen & Kelly, 2003). 그러나 교사는 어느 정도 개입해야 하는지에 대한 적절한 수준을 알고 그에 맞는 역할을 해야 한다.

극 놀이 활동을 하는 동안에는 유아들 간에 갈등이 일어나기 쉽다. 이때 중재자로서 교사의 역할이 요구된다. 특히, 유아가 그들 스스로 갈등을 해결하지 못할 경우, 교사는 중재자로서 도움을 줄 수 있다. 그리고 해결하는 방법을 그들에게 시범 보임으로써 유아가 스스로 문제를 해결하는 방법을 배울 수 있게 된다(Davidson, 1996; Jones & Reynolds, 1992). 예를 들어, 우체국 놀이에서 두 유아가 모두 계산원이 되어 창구 앞에 서기를 원하는 경우가 있다. 그들은 서로 그 역할을 하겠다고 다투기 시작한다. 교사는 유아들에게 다가가서 해결해야 하는 문제가 있다는 사실에 대해 유아들이 집중하도록 안내한다. 교사는 유아들에게 문제를 해결할 수 있는 방법에 어떤 것이 있는지 질문한다. 한 명의 유아가 서로 번갈아 가며 할 수 있다고 대답한다. 다른 유아도 자기가 손님 역할을 할 때, 다른 친구에게 먼저 계산원 역할을 하게 하는 데 동의한다. 중재자로서의 역할에서, 교사는 유아의 긍정적인 행동을 강조하며 부정적인 행동(다툼)은 무시한다. 그리고 유아들에 대해 판단하지 않고 그들이 함께 대화하여 의견을 상의하도록 돕는다.

유아는 아직 자기중심성을 가지고 있기 때문에 다른 사람의 요구를 다소 이해하지 못할 수 있으며 심지어는 자신의 요구도 정확히 이해하지 못하는 경향이 있다(Davidson, 1996). 교사는 이때 통역사의 역할을 맡을 수 있고, 유아가 다른 친구들을 의식하도록 유아의 행동을 설명할 수 있다. 교사는 질문을 통해서 유아가 극 놀이 상황에서 자신의 역할과 행동을 명확히 하도록 도울 수 있다. 앞서 제시한 예에서, 처음에 두 유아는 모두 다른 친구가 하고 싶은 것에 신경 쓰지 않고 자신이 하고 싶은 것(계산원 역할)에만 관심을 가졌다. 교사는 질문을 통해서 다른 친구의 요구를 유아들이 알고 이해하도록 도왔다. 직접 개입하지 않으면서도 유아들의 의견을 묻는 것은 유아 스스로가 자신의 역할을 명확히 하는 데 도움이 된다.

사회극 놀이 상황에서 교사는 놀이를 위해 중요한 역할을 한다. 극 놀이 상황에서의 맥락, 유아의 사회적 상호작용의 수준 등에 의해 참관인, 무대감독, 배우, 중재자, 통역사 등 적정한 역할이 달라지게 된다(Klein, Wirth, & Linas, 2003). 교사는 유아의 현재 발달상의 능력과 그들의 미래 언어와 인지, 사회성, 정서 발달을 연결시켜 주는 가교 역할을 할 수 있다.

사회극 놀이가 가능한 환경의 설계

신중하게 설계된 실내 놀이 환경을 통해서, 교사는 유아들을 위한 문식성 기회를 확대할 수 있다. 또한 이러한 환경은 유아의 적절한 문식성 활동과 학습에 동기를 부여한다(Morrow & Rand, 1991). 극놀이 활동 시간에 유아에게 적절한 소품과 공간, 시간, 안내를 제공함으로써 유아의 학습 기회가 확대될 수 있다. 또한 더 많은 언어 경험을 제공하기 위해서, 교사는 다양한 시간(예, 간식 시간, 점심 시간, 읽기 시간, 자유 시간)에 언어를 사용할 수 있는 활동과 환경을 제공해야 한다. 또한 교사는 유아의 부모로 하여금 가정에서의 구어 경험이 유아의 문식성 발달에 많은 영향을 미친다는 사실을 인식할 수 있도록 알려 주어야 한다.

언어와 문식성 발달을 촉진하는 효과적인 극 놀이 활동의 예로는, 요리책과 레시피 카드, 쿠폰 그리고 식료품이 준비되어 있는 환경에서의 부엌 놀이가 있을 수 있다. 보편적으로 제공할 수 있는 물건으로는 쇼핑 목록(흉내만 낼 뿐 글자를 읽거나 쓸 수 있는 것은 아님)을 만드는 데 사용되는 메모지와 연필이 있다. 유아가 선호하는 또 다른 환경은 '사무실' 놀이 환경이다. 편지를 쓰고, 서명을 하고, 과제를 하고, 계획을 세울 수 있는 다양한 필기도구가 비치된다. 연필, 펜, 형광펜, 문서 서식, 파일, 다양한 용지, 전화기와 전화번호부, 스티커, 도장, 우편함 등과 같은 다양한 사무용품을 제공하는 것은 유아의 극 놀이 활동을 격려하기 위한 흥미로운 환경을 부여하는 것이다.

문식성 발달에 필요한 사물은 유아가 쉽게 접근할 수 있도록 배치해야 한다. 문식성이 풍부한 환경은 유아의 문식성 행동에 지대한 영향을 줄 수 있기 때문이다(Neuman & Roskos, 1990). 책 혹은 신문과 같은 문식성 관련 매체는 문식성 도구로서 이용되고 유아의 놀이를 더욱더 촉진하면서 창의적으로 사용될 수 있다(예, 신문지를 보물 지도라고 생각하기). 유아의 문식성과 관련된 놀이의 지속 시간은 대개 다른 극 놀이 활동보다 더 길어지는 경향이 있으며, 유아가 이러한 문식성 관련 극 놀이 활동에 좀 더 자주 참여함으로써 극 놀이 활동은 훨씬 더 다양해지고 복잡해질 것으로 예상된다.

연령이 높아질수록 유아는 인쇄물에 대한 관심이 높아지고 인쇄물을 통한 활동으로 문식성 능력을 발달시킨다(Einarsdottir, 1996). 그러므로 교사는 인쇄물과 같은 문식성 소품을 교실에 배치하고 사회극 놀이를 강화하는 한편 인쇄 매체에 대한 내용을 교육과정에 통합해야 한다. 사회극 놀이와 관련된 인쇄물을 제시하는 것은 유아의 활동을 확장시켜 줄 뿐 아니라, 유아에게 도전적이고 자극을 주는 환경을 제공함으로써 문제 해결을 할 수 있는 기회가 된다.

인쇄 매체를 제공하는 것만으로 유아가 인쇄물에 집중할 것이라고 생각해서는 안 된다(Morrow & Rand, 1991). 유아를 위하여 인쇄물과 그것의 의미를 연결할 수 있는 전략이 필요하다. 생일을 알아보기 위해 달력을 사용하는 것, 자신의 물건을 잃어버리지 않기 위해 이름을 쓰거나 물건에 이름표를 붙이는 것은 교사가 유아에게 읽기를 배우도록 격려할 수 있는 좋은 방법이다. 시, 노래, 사진이 포함된 이야기를 게시판에 붙이고, 유아가 교사와 함께 혹은 스스로 읽게 하도록 하는 것도 좋은 방법의 예다.

교사는 장애를 가지고 있는 유아도 함께 참여할 수 있는 기회를 확장시키기 위하여, 교실 환경이나 활동, 소재, 역할, 교사의 기대 수준 등을 수정하거나 보완할 필요가 있다(Sandall et al., 2002). 예를 들어, 유아의 수준 차이는 무척 클 수 있다. 어떤 유아는 자기 스스로 책을 가지고 다니면서 다른 유아들에게 그 책을 읽어 주는 수준인가 하면, 또 어떤 유아는 과제를 작은 부분으로 나누어야 참여할 수 있는 수준일 수 있다. Sandall과 그녀의 동료(2002)는 장애를 가진 유아가 유아원 교실의 활동과 소재에 관심을 가지고 접근하게 하기 위한 구체적인 적용 방법과 수정 사례를 풍부하게 제시하였다.

결 론

장애를 가진 유아는 대체로 의사소통에 어려움이 있고, 초기 문식성 능력 기반이 낮으며, 언어 발달의 지체를 보인다(Hart & Risley, 1999). 유아의 사회극 놀이는 아동 중심, 아동 선택, 아동 주도가 주요한 개념이기 때문에 언어 발달에 지체를 보이거나 장애가 있는 유아에게도 적절히 사용될 수 있으며, 이러한 사회극 놀이 활동을 통해 발달이 유도될 수 있다(Davidson, 1996; Pelligrini & Galda, 1998; Sandall et al., 2002)는 점에 주목해야 한다. 교사는 문식성 향상을 다면적으로 모색하는 노력이 필요하다. 인쇄물과 관련된 능력뿐만 아니라 구어 담화 능력 촉진하기, 교사뿐만 아니라 또래들과의 상호작용을 통해 향상시키기, 유아원뿐만 아니라 가정에서도 인쇄물과 언어 능력을 계발시키기 등이 필요하다. 또한 교사는 가정과 학교를 연계하는 프로그램을 개발해야 할 책임이 있다. 특히, 문식성 자료가 거의 없거나 이러한 활동을 거의 하지 않는 가정을 위해서는 더

욱더 그러하다. 가정과 학교 사이에 연계성을 만드는 것은 유아로 하여금 문식성 발달이 더 넓은 맥락에서 유의미하게 적용된다는 것을 인식시켜 줄 수 있기 때문이다.

주

Rashida Banerjee: rbanerjee@ku.edu

참고문헌

Christensen, A., & Kelly, K. (2003). No time for play: Throwing the baby out with the bath water. *Reading Teacher, 56*, 528-530.

Davidson, J. (1996). *Emergent literacy and dramatic play in early childhood education*. Albany, NY: Delmar.

Dickinson, D. K. (2001). Putting the pieces together: Impact of preschool on children's language and literacy development in kindergarten. In D. K. Dickinson & P. O. Tabors (Eds.), *Beginning literacy with language* (pp. 257-287). Baltimore: Paul H. Brookes.

Dickinson, D., & Smith, M. (1992, December). Preschool contributions to early language and literacy development. Paper presented at the (42nd) annual meeting of the National Reading Conference, San Antonio, TX.

Einarsdottir, J. (1996). Dramatic play and print (preschools in Iceland combine dramatic play with learning activities). *Childhood Education, 73*, 352-357.

Fein, G. (1981). Pretend play in childhood: An integrative review. *Child Development, 53*, 1095-1118.

Garvey, C. (1990). *Play*. Cambridge: Harvard University Press.

Hart, B., & Risley, T. (1999). *The social world of learning to talk.* Baltimore: Paul H. Brookes.

Howes, C. (1992). *The collaborative construction of pretend: Social pretend play functions.* Albany, NY: State University of New York Press.

Jones, E. (2003). Playing to get smart. *Young Children, 58*(3), 32–37.

Jones, E., & Reynolds, G. (1992). *The play's the thing: Teachers' roles in children's play.* New York: Teachers College Press.

Klein, T., Wirth, D., & Linas, K. (2003). Play: Children's context for development. *Young Children, 58*(3), 38–45.

Linder, T. (1993). *Transdisciplinary play-based intervention: Guidelines for developing a meaningful curriculum for young children.* Baltimore: Paul H. Brookes.

Morrow, L. M., & Rand, M. (1991). Promoting literacy during play by designing early childhood classroom environments. *Reading Teacher, 44*, 396–402.

Neuman, S., & Gallagher, P. (1994). Joining together in literacy learning: Teenage mothers and children. *Reading Research Quarterly, 29*, 382–401.

Neuman, S., & Roskos, K. (1990). Play, print, and purpose: Enriching play environments for literacy development. *The Reading Teacher, 44*, 214–222.

Pelligrini, A., & Galda, L. (1998). *The development of school-based literacy: A social ecological perspective.* New York: Routledge.

Piaget, J. (1962). *Play, dreams, and imitation in childhood.* New York: Routledge.

Roskos, K., & Christie, J. (2004). Examining the play-literacy interface: A critical review and future directions. In E. Zigler, D. Singer & S. Bishop-joseph (Eds.), *Children's play: The roots of reading* (pp. 21-38). Washington, DC: Zero to Three Press.

Rubin, K. B., Fein, G. G., & Vanderberg, B. (1993). Play. In E. M. Hetherington (Ed.), *Socialization, personality, and social development* (pp. 693-774). New York: Wiley.

Sandall, S., Schwartz, I., Joseph, G., Horn, E., Lieber, J., Wolery, R., & Odom, S. (2002). *Building blocks for teaching preschoolers with special needs*. Baltimore: Paul H. Brookes.

Schaefer, C. E. (1993). *The therapeutic powers of play*. Northvale, NJ: Jason Aronston.

Singer, J., & Lythcott, M. (2004). Fostering school achievements and creativity through sociodramatic play in the classroom. In E. Zigler, D. Singer & S. Bishop-Joseph (Eds.), *Children's play: The roots of reading* (pp. 36-54). Washington, DC: Zero to Three Press.

Singer, D. G., & Singer, J. L. (1990). The house of make-believe: Children's play and the developing imagination. Cambridge: Harvard University Press.

Smilansky, S. (1968). *The effects of sociodramatic play on disadvantaged preschool children*. New York: Wiley.

Smith, C. (1989). Emergent literacy: An environmental concept. *Reading Teacher, 42*, 528-534.

Thompson, R. (2004). Development in first years of life. In E. Zigler, D. Singer & S. Bishop-joseph (Eds.), *Children's play: The roots of reading* (pp. 54-66). Washington, DC: Zero to Three Press.

Torrance, D., & Olson, N. (1985). *Language, literacy, and mental states*. Chicago: Spencer Foundation.

Vedeler, L. (1997). Dramatic play: A format for "literate" language? *British Journal of Educational Psychology, 67*, 153-167.

Vygotsky, L. (1977). Play and its role in the mental development of the child. In M. Cole (Ed.), *Soviet developmental psychology* (pp. 76-99). White Plains, NY: M. E. Sharpe.

참고자료

Camille Catlett, M.A., and Pamela Winton, Ph.D.
University of North Carolina at Chapel Hill
Patsy L. Pierce, Ph.D.
Raleigh, NC
Sarah E. Hamel, B.A.
University of North Carolina at Chapel Hill

매우 어린 유아들과 그들의 가족들에게 효과적인 서비스를 제공하기 위하여 저렴하게 자료(정보)를 제공하는 기관들이 있다.

초기 중재의 다양한 발달에 도움이 되는 자료로서 50달러 혹은 그 이하의 비용이 드는 자료가 포함되어 있다. 다음에 제시한 자료들은 교사나 어른들이 문식성이 풍부한 환경을 만드는 데 도움을 제공할 것이다.

▶ **교실의 문식성 환경 만들기(Creating a Classroom Literacy Environment)**

by Children's Literacy Initiative (2002)

이 책은 47쪽 분량의 간단한 안내서로, 보육시설, 조기교육 그리고 유치원 입학 전의 교육을 담당하는 교사에게 유익한 자료로서 교실의 문식성 환경을 풍부하게 만드는 방법을 구체적으로 제공한다. 이처럼 구체적인 제안은 교실 정리, 센터, 소리 내어 읽기, 책을 활동으로 확장하기, 음운 인식의 발달 등을 다룬다. 50개가 넘는 컬러 사진을 실어 풍부한 문식성 교실 환경의 다양한 요소들을 실현하기 위한 방법을 보여 준다.

Children's Literacy Initiative

2314 Market Street

Philadelphia, PA 19103

(215) 561-4676

http://www.cliontheweb.org

▶ 교실의 환경 인쇄물: 읽기 학습의 의미 있는 연결(Environmental Print in the Classroom: Meaningful Connections for Learning to Read)

by jennifer Prior and Maureen R. Gerard (2004)

문식성이 풍부한 환경의 주요 요소 중 한 가지는 인쇄물 환경이다. 이 책은 유치원에 환경 인쇄물을 비치하고, 읽기 학습을 돕기 위해 인쇄물을 어떻게 활용할지에 대한 실제적인 방법을 제공한다. 또한 이러한 제안은 부모가 자녀에게 읽기를 가르칠 때 환경 인쇄물로 사용하도록 도움을 제공한다.

International Reading Association

800 Barksdale Road

P.O. Box 8139

Newark, DE 19714-8139

(800) 336-7323

http://www.reading.org

▶ 문식성이 풍부한 가정 만들기

이 '읽기는 기본이다'라는 이름의 웹사이트는 문식성이 풍부한 가정의 중요성을 강조하고 있다. 이 웹사이트에서 다양한 주제(예, 가족 도서관 만들기, 읽기 환경 구성하기, 문식성이 풍부한 가정 만들기)에 관한 자료를 다운받을 수 있다. 또한 문식성이 풍부한 가정환경을 촉진하는 활동이나 추가적인 웹 자료를 얻을 수 있다.

http://www.rif.org/parents/literacyrich/default.mspx

▶ 말하기와 읽기

가족들과 공유할 수 있는 좋은 정보를 찾고 있는가? PBS(미국 교육방송)에서 운영하는 웹사이트는 아동들이 어떻게 읽고 쓰게 되는지에 관한 읽기 쉬운 정보를 제공하고, 가족 구성원이 자녀들과 매일 함께 말하고, 읽고, 쓰고 함으로써 자녀들의 발달을 도울 수 있는 방법을 위한 조언과 의견을 제공한다. 'Pick an Age'라 불리는 부분은 연령에 따른 아동들의 발달 과정(예, 영아기, 걸음마기, 유아기)과 '부모의 역할'에 대한 정보를 제공한다.

http://www.pbs.org/parents/issuesadvice/talkingandreading

▶ 유아원 문식성 웹 홈페이지

문식성 자료에 다양하게 접근하기 위해 The University Of Connecticut의 문식성 웹사이트를 방문해 보면 좋다. 웹사이트에 제공되고 있는 전 세계 유치원 교실을 '방문'해 보라. 다른 나라의 아동들이 그들의 문식성 기술을 어떻게 적용하는지 볼 수 있다. 문화적으로, 언어적으로 그리고 능력이 다양한 아동들에게 적용할 수 있는 많은 방법들이 소개되어 있다.

http://www.literacy.uconn.edu/pkhome.htm

▶ 문식성 코너 만들기: 코너의 활용(Literacy Work Stations: Making Centers Work)

by Debbie Diller (2003)

학급 사진으로 가득한 이 책은 문식성을 위한 다양한 학급의 코너들을 보여 주고 있다. 큰 책 코너, 쓰기 코너, 극 놀이 코너, ABC 코너 그리고 시(문학) 코너 등 12개가 넘는 다양한 코너와 그에 따른 실용적인 의견을 제공한다. 코너를 계획하는 방법과 포함되어야 하는 자료를 제공받을 수 있다. 자료는 영어와 스페인어로 모두 이용 가능하다.

Stenhouse Publishers

P.O. Box 11020

Portland, ME 04104-7020

(800) 988-9812

http://www.stenhouse.com

▶ 학급에서의 초기 언어 및 문식성 관찰 도구 검사도구/사용자 지침서

by Miriam W. Smith and David K. Dickinson (2002)

학급에서의 초기 언어 및 문식성 관찰 도구(Early Language and Literacy Classroom Observation: ELLCO)는 유아원부터 초등학교 3학년까지 학급에서 사용할 수 있도록 제작된 것으로서 현장에서의 조사를 통해 구성된 것이다. 이 진단 · 평가 도구는 '문식성 환경 평가 목록'과 '학급 관찰 및 교사 인터뷰' 그리고 '문식성 활동 척도'를 포함하고 있다. 이 세 가지 구성 요소는 교실에서의 문식성을 향상시키는 방법을 교사에게 제공한다.

Paul H. Brookes

P.O. Box 10624

Baltimore, MD 21285-0624

(800) 988-9812

http://www.brookespublishing.com

▶ 문식성이 풍부한 유아 학급에서 볼 수 있는 것들

교실의 센터(코너의 개념)를 문식성이 풍부한 곳으로 바꿀 수 있는 방법을 찾고 있다면 이 웹사이트를 방문해 보라. 노스캐롤라이나 향상 프로젝트(http://www.ncsip.org)에서 제공하는 자료는 당신을 위한 것일 수 있다. 학급의 모든 센터에 문식성을 포함하는 것에 대해서 다양한 의견을 제공하고 있다. 그리고 문식성이 풍부한 환경을 위한 아홉 가지 주요 요소를 설명한다.

http://www.ncsip.org/LiteracyRichClassroom.pdf

▶ 캔자스 아동들의 학습을 위한 준비

캔자스 연수 체계와 캔자스 교육 분야(KSDE)와 협력 관계에 있는 캔자스 교육 분야(KSBE)에서는 유아의 경험의 질과 초기 문식성과의 상관관계에 대한 이해가 높은 캔자스 교육국과 교육위원회 그리고 교사 연수 관리국과의 협력을 통하여 웹사이트를 만들었다. 캔자스 주의 부모와 교사가 이용할 수 있도록 제작된 이 웹사이트는 관련 기관에 전부 링크되어 있다. 이 사이트에는 다양한 섹션이 있는데, 놀이, 유아에게 책 읽어 주기, 언어 발달, 쓰기 학습, 읽기 학습, 수학 등이 포함되어 있으며, 'Q & A'가 있고, 관련 자료도 포함되어 있다. 각각의 섹션은 '우리가 알아야 할 것' '활동' '특별한 요구를 가진 유아(예, 장애유아)를 위한 안내' 등으로 분류되어 사용하기 쉽도록 구성되었다.

http://www.readyforlearning.net

편저자 소개

Eva Horn, Ph.D.
University of Kansas

Hazel Jones, Ph.D.
University of Florida

역자 소개

김호연

University of Florida 특수교육과 졸업(Ph.D.)

현) 강남대학교 중등특수교육과 교수

동탄장애아재활센터장

〈주요 저서 및 역서〉

캐롤라이나 영유아교육과정(공역, 굿에듀북, 2008)

장애유아 통합교육 전략(공역, 창지사, 2006)

특수교육의 이해(공저, 교육과학사, 2005)

학습장애 아동 교육의 이론과 실제(공저, 교육과학사, 1997)

장애유아 통합교육방법(공역, 양서원, 2003)

김진희

University of Illinois, Urbana-Champaign 특수교육과 졸업(Ph.D.)

현) 인제대학교 특수교육과 교수

〈주요 저서〉

특수아동 교육의 실제(공저, 교육과학사, 2005)

정신지체아 교육(공저, 양서원, 2002)

이 번역서는 2010학년도 강남대학교 교내 연구비에 의해 진행되었습니다.

특별한 영유아
모노그래프 시리즈 7호

유아의 초기 문식성 발달 지원
Supporting Early Literacy Development in Young Children

2012년 5월 25일 1판 1쇄 인쇄
2012년 5월 30일 1판 1쇄 발행

편저자 • Eva Horn · Hazel Jones
옮긴이 • 김호연 · 김진희
펴낸이 • 김진환
펴낸곳 • (주) 학지사
121-837 서울시 마포구 서교동 352-29 마인드월드빌딩 5층
대표전화 • 02-330-5114 팩스 • 02-324-2345
등록번호 • 제313-2006-000265호

홈페이지 • http://www.hakjisa.co.kr
커뮤니티 • http://cafe.naver.com/hakjisa

ISBN 978-89-6330-439-7 94370
978-89-6330-432-8 (set)

정가 11,000원

역자와의 협약으로 인지는 생략합니다.
파본은 구입처에서 교환해 드립니다.